〈序章《プロローグ》〉

神父と生肉

最初に、私が小学生の頃の話をしよう。銀座の都電が廃止された年（一九六七年）の少し前のことだ。

父は皇居前・九段にある暁星学園の数学教師だった。暁星はフランスのカトリック・マリア会が一八八八年に日本に創立した男子校で、一般の科目のほかにフランス語を学び、成績優秀な者にはフランスの高校卒業資格、バカロレアが与えられる。

入学式や卒業式など、主だった行事には日の丸とフランス三色旗が掲揚され、生徒は君が代とフランス国歌ラ・マルセイエーズ、そして校歌を斉唱する。式にはフランス大使が紺色の大きなシトロエンに乗ってやってきた。

フランス海軍の軍服を模した制服には七つの金釦《きんぼたん》が光る。上着にポケットがないのは、ものを入れるとシルエットが崩れるからだ。生徒は年に一度、仕立屋で制服を新調した。

学園理事長兼校長として絶大な力を揮《ふる》っていたのはT神父で、黒い司祭服《スータン》の裾を靡《なび》かせて校内を颯爽《さっそう》と歩き、気が向くとテニス部の生徒に声をかけ、近くのホテルグランドパレス（今はもうない）で紅茶を飲んだ。

神父は進学指導主任だった父に信頼を寄せていた。東大合格者数の推移、教職員人事、寄付金の点検、少しずつ準備を進めていたイギリス校開設計画にいたるまで、ことあるごとに相談をしていた。

私は休日も父と一緒に登校し、校内を探検した。夏休みは誰もいないプールで泳ぎ、うす暗いお御堂（聖堂）にも出入りした。教室の教壇真上にはレオナルド・

ダ・ヴィンチ『最後の晩餐《ばんさん》』の複製画が掲《かか》げられていた。

当時、小学校と道を挟《はさ》んで併設されていたフランス人学校（リセ・フランコ・ジャポネ）の校庭では、白人や黒人、東洋人など、肌も髪の毛も色とりどりの生徒たちがサッカーボールを蹴《け》っていた。

放課後、私は神父と父の話の頃合いを見て執務室をノックし、部屋の中に入ることもしばしばだった。

神父は扉を開けると、「コマン・サ・ヴァ？（元気か）」と相好を崩して語りかけ、私は、「サ・ヴァ・ビアン」と応えた。

執務室は天井が高く、パティオに面した窓には光が注ぎ、小鳥のさえずりが聞こえた。

規律と罰則。忍耐と鍛錬。「困苦や欠乏に耐え、進んで鍛練の道をえらぶ気力のある少年以外は、この門をくぐってはならない」と掲げられた校門。そんな規則づくめのミッションスクールで、そこだけは特別な楽園のように見えた。

横長の紅いパッケージのダンヒルとハバナ葉巻コイーバの馥郁《ふくいく》とした香り。コニャック、ナポレオンの深緑色の壜《ボトル》やドン・ペリニヨンのマグナム。旧約聖書と瀬戸内晴美の著作が並列する本棚。毛足が長い絨毯《じゅうたん》の執務室には禁欲とは正反対の匂いがした。

「さあ、行こう」

打ち合わせを終えた神父は、父と私をクルマの後部座席に乗せた。黒塗りの日産プレジデントは船のように巨大に見えた。ドアを閉めればドンッと重い音がして車内は無音になった。

神父はイグニッションキーを回し、ビートルズが来日公演を開いたばかりの日本武道館の先を右に折れ、パレスサイドビルを横目にお堀端を大手町から銀座へ向かった。

その日はなんのパーティーだったのだろう。四丁目の「ざくろ」には財界人や歌舞伎俳優、学園ＯＢや父兄（その中に中央公論社の嶋中鵬二社長もいた）をはじめ、ジャーナリストや雑誌編集長など賑やかな面々が待っていた。

しばらくして、神父とはパリ時代からの知り合いだというシャンソン歌手の石井好子さんが姿を見せた。大きな瞳とハスキーで押しの強い声に、私はずいぶん堂々とした女の人だと思った。

サガンの『悲しみよこんにちは』を訳した朝吹登水子の縁戚だという彼女の登場で男ばかりの座が華やいだ。

リネンのナプキンを前掛けに、私は大皿に繊細に薄く盛られた柔らかな牛肉を箸で掬《すく》い、神父を見習って赤銅色の鍋の中で沸騰するお湯を無視して生のまま食べた。

「料理は行儀悪く食べるに限る」

神父が満足そうに言うと、「ほんと?」と石井さんも真似《まね》てアサツキを生肉で巻き、口に含むと「そうね。いけるわ」と微笑《ほほえ》んだ。聖職者とシャンソン歌手がなんだか悪だくみをしているような光景だった。

勘定はすべて神父が持った。聖徳太子の真新しい一万円札での支払いがいかにも高貴な手続きに見えた。

後年、社会に出て知り合った編集者たちと銀座ではない（確か飯倉の）しゃぶしゃぶ屋で、私が肉を生のまま食べはじめたら、「東京育ちのくせしてお前は食べ方も知らないのか」と笑われた。

有吉佐和子、吉行淳之介、白洲正子、三國連太郎……。銀座百点が編んだ『私の銀座』（新潮文庫）には名だたる人物がエッセイを寄稿しているが、銀座で生肉を頬張った日本一有名なシャンソン歌手と型破りなマリア会神父のエピソードはどこにも載っていない。

「現在われわれの身のまわりにある、粗雑な、ゴミゴミした、無神経な、冗長な、甘い、フニャフニャした、下卑た、不透明な、文章の氾濫に……」とは三島由紀夫の言葉だ。「（下卑た、不透明な、文章の氾濫に）若い世代もいつかは愛想を尽かし、見るのもイヤになる時が来るにちがいない。人間の趣味《グウ》は、どんな人でも、必

ず洗練へ向かって進むものだからだ」(「森鷗外」『作家論』中公文庫)

三島の言う趣味《グウ》(goût)とはなんなのだろう。洗練とはどういうことを指すのだろう。

石井好子さんは神父の一つ年上、父は神父の二つ下。石井さんがこの世を去ったのが二〇一〇年。英国暁星学園校長としてロンドンに赴任していた父もその数年後に他界した。そして昨年(二〇二三年)、九十代半ばでT神父は帰天された。

神父は型破りだった。小学生だった私から見ても、なによりやんちゃで明るかった。恰好つけない「恰好よさ」とでもいうのだろうか。

粋《いき》とはなんだろう。本物の恰好よさとはなんだろう――。それを考えるのに銀座ほどうってつけの街はない。

恰好いい男と粋な女たち。他の土地ではそんな種族はもはや消え去ったと思われている。だが、銀座にはまだそんな伝説の種族がひっそりと生息している。その佇《たたず》まい、言葉遣いや所作、華やかな交遊や気骨ある生き方から、時代を超えて受け継ぐべきスタイルはないだろうか。

前置きが長くなったが、そうした銀座の住人、すなわち人生の達人たちの足音を聴くために、「巡礼」の旅を始めたいと思う。

銀座巡礼　目次

装丁デザイン：細谷巖
協力：岡崎晃史
本文デザイン：本多晋介

佐々木忠　ＪＵＮ代表取締役会長

始まりは、チェック柄の海水パンツ

本社フロアに入った途端、力強い声が聞こえた。

その日私は大手服飾メーカーＪＵＮの佐々木忠会長を訪ね、青山に来ていた。

長身瘦軀《そうく》、一筋縄ではいかぬ佇《たたず》まいに、時代を生き抜くタフネスを感じる。

「名前が出るの？　困ったな。とにかく写真はまずい。面が割れるとガールフレンドと銀座を歩けなくなる。大好きな洋服だって気軽に買いに行けなくなってしまうからね」と笑うが、銀座界隈でその名を知らぬ者はいない。

アイビールックやみゆき族。高度経済成長期、男のファッションといえば石津謙介のＶＡＮ（ヴァンヂャケット）の専売特許だったが、ＪＵＮの創業から十年ほど経《た》った六十年代後半になると、「平凡パンチ」が「キミはＶＡＮ党か、ＪＵＮ党か？」と特集を組むほどになった。

「逆説こそ真なり」が佐々木の信条だ。

かまやつひろしと仲がよく、ザ・スパイダースの衣装を手掛けたときも、逆転の発想が生きた。

「男だからこそ、おしゃれをする。口紅を塗り、イヤリングをするのもいいじゃないかって」

ムッシュかまやつのロンドン・フリークは筋金入りで、「スウィンギング・ロンドン」そのままの恰好でミニクーパーを駆り、銀座にある佐々木の店を訪れた。

「アダム　エロペ」「ロペピクニック」などのブランドを持つ「ＪＵＮグループ」を一代で築いた佐々木は、「男に赤いセーターを着せた初めての仕掛け人」と呼ばれた。しかし、安易にトレンドに乗ることはなかった。

「一番はつぶれる。流行《はや》り廃《すた》りがあるから、二番手が生き残る。それがやがて『定番』になるんだな」

服飾だけに限らない。ダンス・テレビ番組『ソウル・トレイン』や、クラブミックスをノンストップで流すＤＪプログラム『トランスミッションバリケード』を手がけ、ラジオ番組は自前でと、七九年に設立した制作会社「Ｊ-ＰＬＡＮＥＴ」は現在でも多くのラジオ番組をつくっている。

銀座初のディスコもオープンした。パリ８区のキャバレー「クレージーホース」を真似て銀座並木通りのビルを一棟借り切ったのだ。寺山修司のアングラ劇団「天井桟敷」を支援する一方で、山梨県勝沼でワイナリーを、栃木県那須ではゴルフ場を経営している。ワイナリーで生まれた「シャトージュン」はＪＡＬ国際線ファーストクラスで提供され、ゴルフ場の「ジュン・クラシック・カントリー・クラブ」は、初のグランドスラムを達成したジーン・サラゼンをコース監修に据えた。スポーツといえば「ル・マン24時間耐久レース」でもマツダのメインスポンサーとして参加している。

いかにも時代の先端を走ってきた仕掛け人のイメージだが、佐々木は「ライバルは『ユニクロ』」と言い切る。

「売れるものを安く売る。その基本を忘れてはいけない。結局、それが勝利につながるんです」

実家は下町・鶯谷。刺しゅう屋の四男として生まれた。

「高校は（白山の）京華に通って、バスケットボールの運動部枠で大学はセントポール（立教）に入りました。ミスター（長嶋茂雄）人気も高かった時代だった。英語の筆記試験が十二点。立教始まって以来の悪い点（笑）。たまたま、頭の良さそうな娘《こ》が教室で隣に座っていた。真面目な子だったので、試験前にノートを借りようと銀座のデートに連れ出し、首尾よくノートを借りることができました。

大学の頃の銀座といえば、『森永キャンデーストア』によく行きました。立教の同級生に（森永製菓創業家の）松崎昭雄さんがいて、『腹減ったろ？　食べろ食べろ』ってカツカレーを食べさせてくれた。カツカレーといえば『銀座スイス』も旨かったな。コーンスープも絶品です。今はもうありませんが、有楽町『桃園』のチャンポンも絶品だった」

松崎昭雄さんは現在、森永製菓の相談役。長女は故・安倍晋三首相の妻、昭恵さんである。

「『ローマイヤ』では先輩にステーキを奢《おご》ってもらい、『ブリック』ではトリスを飲んだ。ドイツ料理は『ケテル』、屋台ステーキの『ブルドッグ』。寿司屋の『久兵衛』も当時は安かった。おでんなら『お多幸』派だね。おっと、『キャンドル』のチキンバスケット（フライドチキンとバタートースト、フライドポテト）も忘れちゃいけない」

川端康成や三島由紀夫に愛された丸山明宏（のちの美輪明宏）のステージも「銀巴里」で見た。「歌もダンスも宇宙一の上手さだった」とため息をつく。

「大学卒業後は、就職せずにブラブラしていたんだけど、何かと面白い時代だった。三原橋下にはまだ三十間堀《さんじっけんぼり》川が流れていて、船で暮らしている人もいましたよ」

男物の服の少なかった時代、米軍払い下げのコートで得意がっていた佐々木が銀座五丁目の洋品店ルナで洒落たチェックの「海水パンツ」に出くわしたのは、そんなときだ。

「それまで海水パンツは黒の猿股だった。『これだ！』って思ってね。今でもよく覚えている。昭和三十二（一九五七）年の六月四日。舶来品なんだけど見よう見まねでつくってみた。後ろ側が黒のニットで、前が赤のチェック。サイドに小銭入れやサングラスを留めるボタンを付けてね。山手線界隈の洋品店でよく売れました。一枚九八〇円。五万円の元手で、八月の終わりまでに八〇万円の売り上げ。サラリーマンの初任給が二万円の時代です」

創業のきっかけになったその海水パンツは、今も額に入れて本社に飾られている。

社名の「ＪＵＮ」は、佐々木の生まれ月（六月＝ＪＵＮＥ）と大好きだった画家の中原淳一にちなんだ。

銀座には既存の洋品店が多くあったが、自分が店を開いた街路全体のプロデュースまで考えたのが佐々木のすごいところ。ブロック塀を取り壊し、みゆき通りをロンドンのカーナビー・ストリート風に一変させた。英国からツイッギーが来店し、ミニスカートが「バカ当たり」した。

帝国ホテルに泊まっていたロックスター、カルロス・サンタナも店を訪れた。サンタナといえば『哀愁のヨーロッパ』が大ヒットしたが、その曲が収録されたアルバム『アミーゴ』のジャケットを手掛けたのが横尾忠則だ。銀座壹番館ビルに入った佐々木のブランド「ＲＯＰÉ」は、その横尾のサイケデリックで、曼荼羅《まんだら》的なイメージで急成長した。

クリスチャン・ディオールの「ニュールック」を撮影した写真家リチャード・ア

ヴェドンに広告を依頼したり、画家ベルナール・ビュフェに惚《ほ》れ込み、一億円を用意して商標を依頼したこともあった。

「海外の情報は、うちがどこよりも早かった。それを日本人に合うようにアレンジして、シャネルやサンローランが売り出す前にJUN&ROPÉで売ってしまう。国産だから安く、数万円で（笑）。それがビジネスってものです。僕はもともと刺しゅう屋の職人の息子なんですが、デザイナーより経営者なのかな」とニコリ。

佐々木忠の事業はバブルの崩壊、コロナ禍といった時代の荒波に飲み込まれることはなかった。その秘訣は彼の心の持ちようにあるのかもしれない。

「僕はファッション放浪者だから。そもそもブームは去るもの。店が潰れるのは当り前と思っているから、怖いことはありません。そんな中で自分の主張ばかりしていると、いつか負けてしまう。『俺はだらしない』と言っているほうが気持ちがラク」

佐々木が作ったJ-PLANET会長の浮田周男がつねづね言われていたこと、

それは「一生懸命仕事しちゃダメなんだ」

私は彼の経営する原宿のカフェ・ラウンジ「モントーク」での一夜を思い出した。

東京を舞台にしたアメリカ映画『ロスト・イン・トランスレーション』の公開を記念したパーティが開かれたのだ。監督・脚本のソフィア・コッポラの出立ちといったら！　浴衣にコンバースのバスケットシューズのソフィアとワインを飲みながら朝まで話し込んだ。彼女はその作品でアカデミー賞脚本賞を受賞している。これほど文化を大事にしている経営者も珍しい。その精神はいまも受け継がれ、「倅《せがれ》」と可愛がる現社長佐々木進が考案した社訓は「YOU ARE CULTURE. 世の中をおもしろくするのはあなただ」。

柔らかくて鋭いセンス。そして幅広い視野。懐の深い町の文化が育《はぐく》んだ、粋でJUNなギンザボーイがそこにいた。

磯野計一　明治屋相談役①

銀座エスポワールと父の椅子

明治屋の磯野計一（元社長、現相談役）の銀座デビューは小学生時代である。

「三年生の時ですね、父の計蔵が銀座の『エスポワール』に連れて行ってくれたのは」

エスポワールは川口松太郎の小説『夜の蝶』の舞台となったクラブで、一九五七年に映画化されると日本中に知られることとなった。店名のESPOIRは「希望」を意味するフランス語である。

『夜の蝶』は日本映画の頂点にいた京マチ子と山本富士子がダブル主演でクラブママを演じ、夜の銀座でしのぎを削るストーリー。女優を撮らせたら右に出るものはいないと言われた吉村公三郎監督がメガホンを取った。

一葉のモノクロ写真を見せてもらった。ジャケットにネクタイにベレー帽姿の吉村監督の隣にエスポワールのママ川辺るみ子が座っている。磯野計一は懐かしそうに言う。

「背が高くて色も白く、子供の眼にも、美人だと思いました」

大正六年、秋田生まれの川辺るみ子は身長一六八センチ。当時の女性としては背がずいぶんと高い。

エスポワールは銀座七丁目、現在のイシイ薬局あたり、二階建ての日本家屋だった。

「政財界のお歴々や芸能界にもたくさんの常連がいました。みなさん、るみ子ママを慕ってのことです。一階はそんな常連さんたちのお店で、二階が若手の溜《た》まり場。その後成人して自分で通うようになったときに、二階に通される。

店の女性たちも良家のご令嬢たちが多かった。戦後の困難な時期、『るみ子ママなら安心だから』と親が店に預けたんです。だから教養も深くて、芸術や哲学の話も詳しい。なかには店に外車で出勤してくる女性もいました」

エスポワールには、父・磯野計蔵専用の椅子があって、ママのるみ子はそこには誰にも座らせなかったという。

「これは『計さまのお椅子だから』と言ってね。小学生の僕は父の隣でジュースを飲みながら、綺麗《きれい》なお姉さんたちを眺めていました。そうそう、藤島泰輔さんが父のことを『銀座百点』に書いていますす」

藤島が計蔵に会ったときの話である。

「ほう、君も銀座で酒を飲む年齢《とし》になつたか。だが、少し生意気だな」と、「彼(計蔵)」はいつた。「彼」は五十を過ぎ髪は白髪の勝つた胡麻塩になつていた。

「この子は赤ん坊のときから知つている。ヒワヒワした子供でね。今じゃ一人前みたいな顔をして飲んでいるが……」（略）

なにしろ、口の悪い人で、客の男性も店の女性も、「彼」と顔が会えば容赦なく毒舌を浴びせられた。多少なりとも年季の入つた銀座の酒客ならば「彼」を知らぬ人はなかつた。

いつも、一人でローガンの水割りを飲んでいた。

「彼」は父の古くからの友人で、山の仲間であつた。今年七十になる父よりもひとまわり年下で、一橋の学生の頃からわが家へよく遊びに現われたという。私の赤ん坊の頃を知つているのも当然であつた。

ずいぶんさまざまな酒客の姿を見たが、酒杯を傾ける「彼」の姿はいつも孤独な翳《かげ》に彩られ、独特の風格があつた。いつも、つまらなそうな顔をして、それでいて何軒も廻つた。（略）

私の顔を見ると「ヘンな奴が来た」というくせに、蔭ではとても心配しているわ

よ、と教えてくれた「彼」の行きつけの店のおかみさんもいる。（略）

私は銀座でしか「彼」に会わなかつた。広尾の宏壮なお屋敷に「彼」の遺影が飾つてあつた。「彼」明治屋の社長磯野計蔵氏である。

〔藤島泰輔「銀座の『彼』」『銀座百点』一九六六（昭和四十一）年十月号〕

藤島は初等科から大学まで学習院に学び、皇太子だった明仁殿下（現上皇）の学友で、それを題材に『孤獨の人』でデビューした。「（文章が）うますぎて心配なほど」と学習院の先輩、三島由紀夫が序文を寄せている。

藤島がこのエッセイで記したように、銀座の酒客ならば知らぬ者はいないという磯野計蔵は五十八歳でこの世を去ってしまう。一九六六年六月のことだった。

計蔵は一九〇七（明治四十）年、東京生まれ。大学時代は山岳部に属し、厳冬の北アルプス鹿島槍ヶ岳を登頂。在学中にヨーロッパに渡り、日本アルプスを世界に紹介した登山家ウォルター・ウェストンと懇意になる。その後、渡欧のたびにスイスのユングフラウやアイガーにも登った希代のアルピニストだった。山を通じて、スイスの首相とも交遊があったという。

実業の道に進まなければ外交官になりたかった。新橋の料亭で座敷に芸者衆を呼んだときも脇息を机がわりに英文の「リーダーズ・ダイジェスト」を読んだ。

息子の計一は、とある老舗百貨店の社長から「お前の親父《おやじ》はひどい人だった」と言われたことがある。藤島が書いているように、計蔵は何しろ、口が悪い。

新橋演舞場で年一度開かれる東をどりの時期だった。その当日、座敷に来た芸者に向かって、計蔵はこう言ってのけた。

「『それで、なんであなたは（演舞場ではなく）ここにいるんだ?』って。彼女は悔しくて泣きながら席を立ち、あろうことか階段から足を踏み外し、そのまま落っこちてしまった」

何百人もの芸者衆が新橋に出ていた時代。東をどりの舞台に立つには相当の「芸」が求められた。悔しくて階段から転げ落ちた芸者の話には後日談がある。百貨店の社長はこう続けた。

「その芸者は、計蔵さんから言われたことがほんとに悔しかったようだ。それで『なにか芸を身につけて、東をどりの舞台に立とう』と一生懸命稽古をして、晴れて東をどりに出られるまでになったんだ。『この私がここまで来たのも、計さまのおかげです』と逆に感謝していたよ。計一、お前の親父は大した男だ。座敷での一言は彼一流の励ましだったんだ」

磯野計蔵は、華やかな経歴はもちろん、早すぎた死もふくめて、数々の伝説を残した「銀座の達人」だった。

磯野計一　明治屋相談役②

『ゴッドファーザー』の恩返し

誰もが銀座の名士と認めた明治屋社長、磯野計蔵の息子・計一は、昭和四十二年に慶應義塾大学経済学部を卒業、西武百貨店に入社した。

大学では体育会自動車部に所属、カーラジオでジャズを知り、就職時には銀座に本社を置く日産自動車からスカウトもあった。愛車は薄いベージュの三菱500。空冷直列二気筒のリアエンジンを吹かせながらハンドルを握る屈託のない青年は、食料品売り場に配属されるとたちまち主婦たちの人気者になる。

「デパ地下でバナナのたたき売りをやったんです。そうしたらお客様のあいだでファンクラブができちゃって。他の売り場からも応援してくれと声がかかり、バナナだけじゃなくて佃煮を売ったりしましたね」

朗らかで甘いマスクの元慶應ボーイは、池袋店長だった堤清二の目に留まり、本部企画室へ異動。店長直轄のプロジェクトに加わった。

「異動したときは、あれ、バナナの磯野さんはどこに行っちゃったの？　とお客様がおっしゃったという話も聞きました（笑）」

西武百貨店で三年の修業を終えて退職、取締役として明治屋へ。

「大変お世話になりました。家業に戻ります」と堤に挨拶に行くと、「西武百貨店のOBということを忘れるなよ」と笑顔で送り出してもらった。

社長に就任したのは一九七六年、三十一歳のときだった。

まだ何も知らないに等しい六代目にとって、明治十八（一八八五）年創業の歴史を持つ会社の舵取りは、並大抵ではなかっただろう。

「明治屋はひいおじいさんの計《はかる》が横浜で創業したのがはじまりです。『シップチャンドラー』といって、世界を行き来する船舶のためにワインやチーズといった食料品を納入する商いでした」

東京大学を出て代言業（弁護士事務所）を営んでいた計は、明治十三（一八八〇）年、岩崎弥太郎率いる三菱財閥の給費留学生としてロンドンへ留学。帰国後、三菱汽船へ入社、独立して明治屋を創業する。船に納めるためにストックした輸入食料品を分けてほしいという希望が、居留地に住む外国人から寄せられたため、小売りも手がけることになった。

「やがて、日本人の間でも『明治屋ではハイカラな食料品が手に入る』と評判になったのが、いまのショッピングバッグの絵のお店でした。横浜は洋食文化発祥の地です。店頭にイギリス仕込みのクリスマスツリーを飾ったりしたんです」

明治屋の東京進出は明治二十五年。その八年後、銀座二丁目に小売店を開設する。

「昭和八年京橋にビルを建てました。地下鉄銀座線京橋駅の駅舎とビルを一体化させたのは日本初。いまでも銀座線のアナウンスは京橋・明治屋前となっています。京橋には〝やっちゃば〟と呼ばれた青果市場があって、場外にはいろいろな食べもの屋さんがありました。いまもこの界隈には当時のお店が残っています」

明治屋の売り場のビールはキリンのみ。

「そのビールを、日本で初めて導入されたイギリスのアーガイルというトラックで配達していました」

ナンバープレートに「1」と刻まれたそのトラックは関東大震災で焼失したが、焼け残ったシャーシは東京都復興記念館で見ることができる。

「明治屋は酒類の扱いが豊富ですから、社長になった挨拶を兼ねて週に三日は銀座のクラブに顔を出すことから始めました」

新たな門出を迎えた明治屋新社長の計一に、一本の電話がかかってきた。

懐かしい声に受話器を握りしめた。忘れもしない「エスポワール」の川辺るみ子だった。

「るみ子ママの店にいたバーテンダーさんやホステスさんも銀座で店を構えるようになっていたんです。その方たちから連絡があったようで、『きのう日航ホテルの裏を回って、四軒目の店に行ったでしょ?』って、るみ子ママが言う。『計ちゃま、あなたが銀座に出るときはこの私が守るからね。悪い虫がつかないように。私が銀座の母ですから』と。父が早くに亡くなったから、みなさん僕を息子のように大事にしてくれました」

銀座が教えるのは洗練の流儀だけではない。この街は包容力と慈愛に満ちている。計一をどこに出しても恥ずかしくない一流の経営者に育て上げたのが銀座だった。高度成長を担い、戦後日本を支えた企業人たちが計一に目をかけた。そこにも父・計蔵への恩義があった。

東京急行電鉄社長だった五島昇とのやりとりは、さしずめフランシス・フォード・コッポラの傑作『ゴッドファーザー』の一場面のようだ。

「『そうか、社長になったのか』と五島さんが言った。『だったらうちの理事になれ』とグループ会社の東急百貨店や東急ストアの理事に僕を推薦してくれたんです。普通なら何年もかかるところを社長就任二年目でした」

ビジネスの世界は非情である。闘争と激しいしのぎに晒《さら》される一日が終わると安息の場も必要だった。そこで後進に経営のいろはを教え、トップ同士としてともに歩む。恩と情け。昭和はそんな時代だった。

「恩送り」という言葉がある。親も師も、先輩でも友達でも、本当に自分を想ってくれる人は「恩」を返してほしいなどとは思わない。なぜなら、いまの自分があるのもまた誰かから受けた「恩」のおかげと知っているからだ。自分自身が多くの恩を受けて育まれたことに気づき、また次の誰かに手渡す。それこそが大切な人への「恩返し」になる。

磯野計一は、その意味を銀座で身をもって知る一人である。

菊森川という置屋が新橋にある。新橋有数の置屋で、所作や言葉遣い、着付けに始まり、踊りやお茶など厳しい稽古を通して何人もの芸妓を育て上げてきた。

新橋の料亭は幕末から政財界の密談の場であった。この菊森川出身の芸妓で、やがて新橋組合芸妓部の頭取となったのが五郎丸だ。

「五郎丸姐さんは祖父のときからお座敷に出ていらして、父の計蔵も知っていました。私は会社の仕事が終わった夕方五時頃、まずお座敷に出る前の五郎丸姐さんのご自宅を訪ねることにしていました。そこでいろいろ教えてもらったんです。あなたのおじいさまならこうしたとか、計蔵さんならこう考えたとか、本当にいろいろ教えてもらいました。こっちはもう社長ですから社員からは聞けないこともあります。それを教えてくれるのです。

祖父や父が丁々発止で交渉した現場に姐さんは同席していた。個室での話を全部知っている。そうするうちに、祖父や父の仕事の仕方がわかってきました。

ある日、『では、こんな場合はどうでしたか?』と他社の事情を尋ねたことがあります。そうすると『他の家の話は聞いてはダメ』と姐さんがピシャリと言う。『そういう話は墓場まで持っていくのよ』って。秘密は決して他言しない。だから大事な接待に新橋が使われたんですね」

そんな五郎丸姐さんが亡くなったとき、ごく小人数の客に連絡があり、新橋に集まった。そのなかに計一もいた。

「磯野家は本当に大事にしていただきました。これが新橋というところなんですね」

磯野計一　明治屋相談役③

パリから届いた招待状

ジョニ黒、オールドパー、ローガン。これが、昭和の洋酒御三家だった。

一八七三年に岩倉具視の欧米使節団が持ち帰り、明治天皇に献上されたオールドパーは戦後宰相吉田茂が愛飲し、今太閤と言われた田中角栄も、『吉田学校』の生徒だったことの矜持《きょうじ》を胸に飲んでいた。

ジョニ黒について、磯野計一がこんなエピソードを明かしてくれた。

「ある年、とあるカリスマ経営者の方から話が来ましてね。総選挙のときでした。ジョニ黒を全政党に当選祝いとして届けてくれって言うんです。与党には五本、野党には二本という具合に。それでジョニ黒のボトルを社員総動員で新聞紙に包んだ。まあ、結局、選挙違反事件があったので、その話はなくなったんだけど」

当時のジョニ黒は貴重品。飲むよりは応接間に飾るたぐいのウイスキーだった。

「その頃、銀座ではエルメスやグッチ、フェラガモなど欧米のブランドを紹介するセレクトショップの先駆け、サンモトヤマが開店しました。茂登山長市郎さんの創業です。（高度成長で）和光や資生堂、松坂屋、松屋銀座、銀座三越、小松ストアー、ミキモト、木村屋總本店、壹番館洋服店、日動画廊などの老舗も盛り上がります。夜の社交場はというと、関西から三好三郎さんが進出してきたことで賑々しく変わっていきました」

松竹社員から身を興した三好三郎の最初の店が「ラ・モール」である。

「エスポワール」同様、「ラ・モール」もフランス語。前者が「希望」という意味なのに対して、ラ・モール（＝〝le Rat mort〟）は「死んだネズミ」。十九世紀ベル・エポック時代のパリ・モンマルトル、ピガール広場に存在したカフェの名である。その店にはボードレール、ヴェルレーヌ、ランボー、ロートレックなどの詩人や芸術家たちが夜ごと集い、娼婦やバイセクシャルの社交の場でもあった。

その店のママとして活躍したのが花田美奈子。「けっして美人というのじゃないけど、頭とセンスはすごくよかった」と三好は語っている（『タキシード・サムライ　三好三郎一代記』ミヨシコーポレーション）。

開店時、日本観光新聞にこんな見出しが躍った。

「銀座のお客は　みな　もろた！」

「奇抜なアイディアで東京へ切り込む〝大阪マダム〟の高級バー〝甘いラブレター社長族を喜ばせた外国製〟」（昭和三十五年七月十八日）

磯野が当時を回想する。

「いわば関西からの殴り込みですね。銀座はすっかり席巻《せっけん》されてしまいました。綺《き》麗《れい》なだけのママがオーナーの時代は終わったのです。ラ・モール開店の招待状は、花田美奈子さんがパリのホテルリッツで書いた。毎日毎日、招待状を書いては切手貼りをしていたとリッツのコンシェルジュが言っていました」

わざわざリッツから招待状を送ったのは、理由《わけ》があった。

「ふつうだったらクラブの開店案内なんて、捨てられるだけでしょう。どうしたら印象に残るか考えて、パリから外国の切手を貼って出したら必ず社長の手元まで届くと思って、パリのリッツに行かせたんです」（三好三郎・同前）

ラ・モールの常連になったのは中曽根康弘や石田博英《バクエイ》、藤山愛一郎といった保守政治家、作家の川端康成、井上靖、エッセイストで俳優、映画監督の伊丹十三と華やかな顔ぶれだった。

クラブの醍醐味《だいごみ》は人間観察にある。磯野はラ・モールでも多くのことを学んだが、こんなこともあった。

「驚いたのは伝票が三つあったことです。政財界用、文壇・芸能人用、そしてそれらの人々にコネクションを求める人用の三種類。もちろん値段が違います。最後の伝票が一番高いんだ」

明朗会計なんて野暮。そんな店だった。

「それにしても、今日は初めてお話しすることばかりだな」と磯野計一は悪戯《いたずら》っぽい表情を見せた。

「社長も退《しりぞ》き、銀座のクラブ活動も卒業しました。今は月に一度の割合で、仲間たちと広尾でジャズライブを楽しんでいます」

濃密な銀座の数々のエピソードが、目の前に置かれたハイボールの細かな気泡に重なる。

磯野の話に酔ったあと、私はもう一軒バーに寄った。かつてエスポワールに在籍していた篠田倫子ママの店「エルミール」だった。

取材のあらましを話すと、かつてのコースターを一枚、分けてくれた。

白地に真っ青な字で〝ＥＳＰＯＩＲ〟と記されている。

街の灯が照らし出す銀座の歴史のなかで、いったい何杯のグラスがこのコースターの上に置かれたのだろう。

瞼《まぶた》を閉じれば、いまも銀座の夜の男たち、女たちのため息とざわめきが聞こえてくる気がした。

ゴーラン・三好・玲子

ミヨシコーポレーション、カーディナル代表取締役会長①

「このじゃじゃ馬、どなんしたらいい？」

芳《ほう》醇《じゅん》で切ない、涙と笑いの物語。彼女が父・三好三郎と生きてきた日々はまるでカルナヴァル（謝肉祭）だ。

「洗いざらい、お話ししますね。父が生きていたら決して言えないことまで、この際、ぜんぶ！」

ミヨシコーポレーション現会長のゴーラン・三好・玲子が微笑《ほほえ》んだ。誰もが一瞬で心をつかまれるその仕草。ロンドンでパンキッシュなファッション革命を起こしたヴィヴィアン・ウエストウッドばりの美貌とあどけない少女性。そんな彼女が語り尽くす、人生を祝祭のように生き、陽気な仮面を被った者たちが演じた饗宴の世界——。

玲子の父、三好三郎は昭和の銀座で一世を風靡し、飲食業界を志す者なら誰もが憧れる男だった。

銀座ソニービル開館時に高級フランス料理のマキシム・ド・パリ・イン・トウキョウを開き、梶山季之がその半生をモデルに小説『虹を摑む』を書いた伝説の人物である。

三好は元号が大正から昭和に代わる大正十五(一九二六)年九月七日、福岡県福岡市に生まれた。中井という姓だったが、養子に出されて三好三郎となる。京都から山口に渡り、旧制中学を出て予科練に。戦後は松竹に入社、持ち前の明るさで宣伝マンとしてめきめき頭角を現した。

サラリーマン生活の傍らレストラン事業に乗り出したのは二十五歳のときだ。大阪心斎橋の大丸百貨店で働いていたヒロコと知り合い、結婚。二人の間に長女・玲子が誕生したのは三年後、昭和二十九年だった。

飲食の仕掛け人にとって出自は関係ない。学歴や生まれを気にする者もいない。いかに心地よく客を楽しませ、新しい自分を見出してもらえるか。求められるのはそれだけだ。それを心得ていた三好は、イベント案内状や年賀状を「漫画界随一の流麗な線描」と評された小島功《こお》に描かせたり、パリ祭やクリスマスパーティ、仮装舞踏会を開催したりと、持ち前のサービス精神と創意工夫で快進撃を続けた。

玲子は高校二年生になるまで大阪に住んでいた。一九六六年、銀座中の耳目を集めて三郎がマキシムを開店したときは、父の求めで大阪から上京し、振袖姿でテープカットの大役を担っている。

「ソニービルには三軒、父の店が入っていました。一番上がベルベデーレ。店内を設計したのはル・コルビュジェの弟子だった村田豊さんでした。照明がサイケデリックで綺麗なので、ずっと天井を眺めていても飽きなかった。パスタがスパゲッティと呼ばれていた頃のイタリアン・レストランね。一階が（アメリカのカフェテリアを再現した）パブ・カーディナル、そして地下にマキシムがありました」

ソニーの盛田昭夫と共同出資で開店したマキシムは、パリ本店そのままの深紅の絨毯に豪華な調度品を揃え、壁には画家の今井俊満が模写したロートレックが飾られた。

「うちのパパはすごいな」

子供心にも玲子は父・三郎の仕事ぶりに驚くばかりだった。

マキシムで開かれる夜会では、女はイブニングドレスで肩を顕《あら》わにし、男はタキシードで寸分なく体を覆う。世界最高峰のフランス料理と専属楽団による生演奏。一般人ならそれまでの人生が霞んでしまうほどの時間が流れる。

三好はそんな祝宴の中には入らなかった。

「素面《しらふ》だと優しいが、ワインを飲むとケダモノになる」とはパーティ好きだったトルーマン・カポーティの言葉だが、三好は自分の店に集まる客たちを隅から眺め、笑顔の裏で足を蹴りあっている彼らの様子を観察した。そして酔客の内輪もめや諍《いさか》いが起こると柔らかく仲裁し、ときに諫《いさ》め、毎夜、銀座の出来事を「美しい伝説」に仕立てていった。

三郎は娘の玲子を東京へ呼び出しては川添浩史、梶子がオーナーだった飯倉のキャンティに連れて行き、本場仕込みのイタリアンを食べさせた。高松宮、常陸宮、島津貴子といった皇族に加え、黒澤明、川端康成、三島由紀夫、黛敏郎らの文化人。フランク・シナトラ、シャーリー・マクレーン、カトリーヌ・ドヌーヴなどの海外からの賓客。この店には夜ごと一流の人々が集まっていた。食事を終えると、三郎は上機嫌で同じビルにある梶子のブティック「ベビードール」で娘に服を買ってやった。

「なんていうのかな、時代が尖《とが》っていて、その尖り具合がまるごとキャンティだった。フラメンコギタリストでもあった息子さんの象ちゃん（象郎）はお兄ちゃん的な存在でした。梶子《タンタン》はマキシムにもよくいらっしゃっていましたよ。一切笑わず、能面のような人だった」

スタイルがよく、誰もが振りかえる美貌の梶子。英・仏・伊と三ヵ国語に堪能で、美意識の塊といわれた彼女は、あたりを睥睨《へいげい》するかのように座っていた。

「昭和は単色、モノクロの時代だったんです。でも父はマキシムを色とりどりにゴージャスに彩った」

三人の子供たちの中で、父に最も手を焼かせたのが玲子だった。高校時代は、地元である大阪豊中の学校の番長と付き合っていた。彼と京都に旅行、初詣巡りをしたことも。年始早々娘を探しまわった父は、何食わぬ顔で帰宅した玲子に大理石の灰皿をいきなり投げつけた。

「それだけじゃないです。何を思ったか、父は私のスキー板をのこぎりでギコギコ切り始めちゃって」

素行の悪さがたたったのか、通っていたミッションスクールを追い出され、東京・世田谷の鷗友学園に編入するが、そこでも連日の朝帰り。進学校の駒場東邦高校の「頭のいい」ボーイフレンドたちを手なずけて五千円の小遣いを渡し、卒業がかかったレポートを代筆してもらう始末。

「東京は憧れだった。ニューヨークなんかより、よほどキラキラに見えました。まぁ、関西が限りなくダサかったせいもあるけれどね」と苦笑する。

父は玲子に田園調布の一軒家を与え、お手伝いを付けたが、一向に家に帰ってくる気配がない。一計を案じ、お目付け役として花田美奈子を「指名」した。ラモールのママである。玲子は花田と住むことになったが、さすがの名物ママもお手上げだった。

「このじゃじゃ馬、どなんしたらいい?」

高校卒業後はロンドンかパリへ留学したいという玲子を馴染みの占い師に会わせたところ、ヨーロッパではなく「東に吉あり」と告げられ、父は娘をカナダ・モントリオールに送る。

「ほんとに田舎で何もないところでした。でもモントリオール留学でキングズ・イングリッシュを学ぶことができた。私はただじゃ起きません」

ゴーラン・三好・玲子

ミヨシコーポレーション、カーディナル代表取締役会長②

銀座ママデビュー

三

好玲子は好奇心旺盛で何事にも動じず、自分の感覚を大事にするまっすぐな性格だった。カナダから帰国して、今度は結婚したいと言い出した。

まだ十九歳だった。八歳年上の相手との結婚に父は大反対したが、そこで引き下がる玲子ではない。フィアンセはかまやつひろしのマネージャーだった。業界人らしく洒脱でオシャレな男だった。

「実は、できちゃった婚なんです。加賀まりこさんが未婚で出産したことが週刊誌で報じられていたときで、そうよ、私も産むべきだわ！　なんてノリもあって」

玲子は二十歳で母になった。しかし結婚生活はあえなく破綻。原因は相手の浮気だった。ところが父の三郎は大喜び。

「そうか、別れたのか！　よかった、よかった。さぁ、銀座にメシを食いに行こう！」

ファッションに関心があった玲子は柴田良三が飯倉で立ち上げたアルファキュービックで働いていた。柴田もマキシムの常連だった。終業後は仲間と連れ立って連日のディスコ通い。社員はお坊ちゃん、お嬢さんばかりで、仕事より遊びが優先、残業する者などいなかった。

「暁星出身、大ちゃん（岡田大貳《だいに》）が支配人だったキャステル東京です。パリの姉妹店。六本木にあったからみんなで歩いて行きました。最先端のディスコでした」

いつもダブルのスーツにタイを締めていた岡田は、ヨーロッパ仕込みの社交場を若者向けに提供するプロデューサーだった。キャステル以外にも「ザ・ビー」を手がけ、南青山にチャイニーズレストラン「ダイニーズテーブル」、原宿には「クラブD」をオープンした。

玲子は画家の今井俊満に食事に連れて行ってもらってサンローランのセーターをプレゼントされたり、作家の山崎豊子に真珠のブローチをもらったり、会いたい人には誰でも会えた。もちろん父のおかげだった。毎夜のキャステルにしても、すぐそばに父の店、六本木パブ・カーディナルがあった。キャステルで踊り疲れたら、パブ・カーディナルへ流れた。

キャンティの川添梶子にけしかけられ、アルファキュービックの柴田良三がパリ本店と直接交渉してライセンス契約を結び青山にオープンしたのがイヴ・サンローラン・リヴ・ゴーシュ。あまりに高額で、普通のOLがショーウインドーから眺めるだけのサンローランも玲子にとっては普段着だった。それも父が買ってくれた。私生活ではいろいろありながらも、若い玲子は東京を満喫していた。

三好三郎が初めて銀座で開店したナイトクラブ、ラ・モールは夜の銀座のあり方を変えた。

エスポワールやおそめに代表される、情と品のあるオーナーママの時代から華やかで祝祭的な空間へ。経営に関してはいまでいうホールディングカンパニーを設立、自身のアイデアと企業戦略に基づいたマーケティングと計数管理を徹底し、ホステスのスカウトや管理・教育を組織的に行った。

後にノーベル文学賞を受賞することになる川端康成もラ・モールの常連だった。

「あの人はお酒はぜんぜん飲まない、でもお気に入りの女の子を呼んでずっと喋っているの。その子は顔はまあまあなんだけど、じゃあなんで川端さんがそんなに好きになったのかというと、とにかく機知に富んだ、頭がいい子なんです。川端さんのお金は普通より安くしてた。というのも、川端さんが来てくれていれば、編集長連中がみんな来るわけですよ。そっちからお金を貰えばよいわけなんです」（『タキシード・サムライ 三好三郎一代記』）

高度経済成長の波に乗って、三好は次々と店を開いていった。花すみれ、ル・シャトレ、クラブ・スタコラ……。銀座を三好の二十二軒が華やかに彩った。

三好は時代の変化を見抜いてもいた。ナイトクラブを早々に見切り、新しくレストランビジネスに乗り出そうというのだった。

「売り上げが悪い、であれば閉めるしかない」

次のビジネスに必要なのが、娘の玲子だった。

「お前は俺のDNAと同じや」と父が言った。「人と話すのが好きやろ。それ以上に大事なものはあらへん」

〝夜の帝王〟と呼ばれた父親の命で、玲子が「ラ・モール 花すみれ」で銀座ママとしてデビューしたのは、三十八歳のときだった。

「店は最後にお前が閉めてくれと言われました。ゼロから心血を注いで育て上げた銀座のクラブを、娘のお前が葬《ほうむ》ってくれ」

父の言葉に驚きながらも頷《うなず》く玲子だった。

「わかったわ。私が掃除屋になります」

玲子はクローゼットからヨウジヤマモトを選んだ。ショートカットで小柄な自分にはそれが似合う。カリスマオーナー・三好三郎の娘という素性を隠し、銀座デビューが決まった。

玲子が父に示した条件は三つ。

①いわゆる銀座ママ風のファッションはできません。ロングドレスや着物、髪形も和装アップは嫌です。

②源氏名もお断り。本名の「玲子」でいきます。いろんな店を転々としてきたという経歴にしましょう。

③店が終わったら葉山の自宅までタクシー代をください。酔客に囲まれた終電は辛いです。

昼間は父の会社、銀座朝日ビルにあった三好興産で広報担当のＯＬ、夜はママとして店に出る生活が始まった。「ラ・モール　花すみれ」は父が宝塚歌劇団のＯＧをホステスにして作ったクラブである。

「宝塚だから『すみれ』と名付けたんです。ホステスがカンツォーネやボサノバを歌う。私がママになる前に、新しく若い女の子たちを揃えておいてくれました」

「ホステスは美人よりブスがいい」というのが父の方針だった。機転が利き、勘のいい子が一番。

「店の子には、朝日、毎日、読売、日経をしっかり読んでから出勤してもらいました。それも父のアドバイスです。ホステスは自分から意見をペラペラ喋る必要はない。でも、お客様の言葉にきちんと相槌が打てる。そういう教育をしなさいと」

玲子も彼女なりに店のルールを作っていった。

「お酒が入ると、ホステスの膝に手を置くお客様も出てくるでしょ。そんなときはテーブルまで出向いて、『やめてください』ってきっぱり申し上げました。私の口調にかっとなったお客様と喧嘩になったこともあります。そういう方にはお引き取りいただきました。

いま思うと、私にもバックに父がいるという甘えがあったのかもしれません。でも素性を隠して店に出るのも、それはそれで大変だったんです」

店を閉じるという究極のミッションのを受けて、玲子は飲食業のイロハを現場で学んでいった。夜の社交界で、父は娘を鍛えたのだ。

ゴーラン・三好・玲子　ミヨシコーポレーション、カーディナル代表取締役会長③

タキシード・サムライの微笑み

玲子は父の経営する銀座のクラブ「ラ・モール　花すみれ」の終焉《しゅうえん》を見届けたのち、レストラン事業に復帰していた。

父がパリにオープンした日本料理店ＹＡＫＩＴＯＲＩの五代目社長として現地に赴任した際に出会ったのがオリビエ・ゴーラン。現在の夫である。

「パリ大学で哲学を専攻し、合気道もたしなんでいた。『バン・ドゥーシュ』というディスコでドアマンをしていたんです。その後、日本に来て芝浦のレストランで働いていた彼に偶然再会し、一緒に住みはじめました」

フランス人の恋人を父のもとに連れて行くと、またかと天を仰ぎ、少し間を置いて、「オリビエ君。娘は五歳上だ。二回も結婚している。子供も二人。それでいいのか？」と、しぼり出すような声で言った。

「僕と玲子の問題です。大丈夫です。過去は関係ありません」

「そのときの父の笑顔は忘れられません。『そうか！　俺は嬉しい！』と飛び上がらんばかりで、『お祝いだ！　マキシムへ行くぞ！』ってクルマを呼んで三人でマキシムへ行ったんです」

父の店以外に玲子の人生を艶やかにした店が二つある。彼女はそこでも「人生」を学んだ。新宿ゴールデン街の「クミズ・バー」と、六本木にあった「インゴ」である。

「クミズ・バーは、（西武百貨店パリ駐在部長だった）堤邦子さんの下で働いていたクミさんの店です。『あの邦子さんといっしょに働いていたんですか？』って聞いても、『単なる女給で行っただけよ』という風に、どこまでもさらりとした人でした」

堤邦子は西武百貨店社長で詩人・作家だった堤清二（辻井喬）の実妹である。兄の依頼で三島由紀夫の楯の会の制服デザインも手がけた邦子は、〝マダム・ツツミ〟としてパリ社交界の花となり、墓はモンパルナスにある。彼女に可愛がられたクミは帰国後、新宿でバーをオープンした。客は大学教授や出版社の重役連中が多かった。

「カウンター越しにいろんな作法を教えてもらいました。『呑み屋のママの絶対条件はエレガンスよ。感情を顔に出してはいけない。場面、場面で『機微』を考えなさい』って」

機微とはフランス語で「ESPRIT《エスプリ》」。語源となったラテン語「SPIRITUS」は、「風のひと吹き、息吹」の意。物質文明とは対極の美意識である。

クミズ・バーは新宿ゴールデン街という、玲子にとっていわば辺境の地にあったが、どこまでも気高く美しい店だった。

六本木のインゴは、「ヨシオさんというゲイの男性がマスターで、芸能人、小説家、クリエイターやファッションデザイナーが夜毎集まっていました」

大きなテーブルには豪華な花が大振りな花器に活《い》けられ、毎夜お祭り騒ぎの店だった。

「(グラフィックデザイナーの)長友啓典さんや(イラストレーターの)黒田征太郎さん、伊集院静さんも常連で、とにかくスノビズムの極みでした」

かつてラジオディレクターだった私も村上龍さんや山田詠美さんと行ったことがある。

「知識や教養をひけらかす気取り」という意味の「SNOBBISM《スノビズム》」。クミズ・バーが標榜したエスプリとは一八〇度違った世界観だ。

聖と俗の二軒を飲み歩きながら玲子は視野を広げていった。それは父との関係を見直す下地にもなった。

三好三郎には常に女性の気配があった。玲子はそのことを思い切って父に質《ただ》したが、はぐらかされた。母にも憤りを覚えた。

「『どう考えてもおかしいよ』って、母に何度も訊《き》きました。でも母はなにも言わない。腹立たしかった。女として妻として、それでいいの？　どこまで言いなりなの？　父と同い歳の母は父の会社で経理をやっていた。大阪のラ・モールではママとして店に出て一緒に苦労して、破天荒な父を支えてきた。でも、破天荒にもほどがある」

「この男が自分の父なんて金輪際、嫌だ！」と憤懣《ふんまん》やるかたない玲子は、ある日、母に呼ばれた。

「パパがいたからこの家は守られているんや。それを忘れてはいかんよ」

諭《さと》されれば諭されるだけ涙が出た。悔しくて泣きながら、「この女《ひと》は凄い。生き仏や」と思った。

母から翡翠《ひすい》のネックレスと大きな指輪を譲り受けたのはそのときだった。以来、玲子はその指輪を嵌《は》めている。

「いまは母の気持ちがわかります。父はウルトラチャーミング。そんな父を母はとことん好きだったって」

玲子は父の強烈な生き方にがんじがらめになっていた。そして、歳をとってようやく父の存在が自分を縛《しば》っていたと気づいた。

高齢になり、病を得た父は自宅へ戻ってきた。「九十歳を過ぎ、よぼよぼになる手前でした」

往時の勢いを失い、自宅と病院を往復するようになった。

玲子は友人の編集者・都築響一に相談した。「父の生涯を書いてくれませんか」

都築は葉山に何度も足を運び、評伝を仕上げた。それが『タキシード・サムライ三好三郎一代記』。マキシムのロゴに似た金と赤の布張りの装丁の本は、父が世話になった人に玲子が配った。

都築は序文を寄せた。

「このささやかな一冊は、三好三郎というエレガントな冒険者、それまでだれもやらなかった仕事ばかりにあえて飛び込んでいった挑戦者――そういう意味で『タキシード・サムライ』という題名をつけさせてもらいました」

「株式会社ミヨシコーポレーション、株式会社カーディナル、株式会社青冥代表取締役会長」という名刺を持つゴーラン・三好・玲子へのインタビューは、彼女の店サバティーニ・ディ・フィレンツェ東京の個室で行われた。

父が創業した会社を玲子と妹の恵子、弟の康弘が支えている。数字に明るく計数管理を地道にこなす弟は、父が懇意にしていた中曽根康弘から「康弘」という名を貰い、ミヨシコーポレーション社長に。妹・恵子も役員である。

取材が終盤にさしかかると、玲子は店のソムリエにシャンパンを出させた。

「洗いざらい、お話しします」と始まった物語は、父との祝祭の半生だった。

「親父は今ここにいる。いいぞー!」

玲子はグラスを掲げた。

「パパに守られて私はここで喋っています。今日は十一日。父の月命日なんです。

ね、パパ」

夕暮れだった。彼女の背後には父・三好三郎が生涯を賭けた銀座のネオンが輝き始め、その点滅はタキシード姿の三好の微笑《ほほえ》みと重なっているように思えた。

小林麻美 モデル、歌手①

生粋の東京ガール

田辺エージェンシー社長だった田邊昭知との結婚・出産を機に、芸能界の表舞台から姿を消した伝説のミューズ、小林麻美が二〇二〇年初夏、四半世紀余りを経て初めてラジオに単独出演した（ＴＯＫＹＯ ＦＭ開局五十周年記念番組『True Stories』）。

放送後、慶應大学の後輩で私の勤めている局の編成デスクの女性が声をかけてきた。

「麻美さんの声を聴いて、ほんとうに東京の人だなって思いました。東京の街に自然に溶け込んでいて、気持ちよくそこにいる感じ。私の憧れです」

小林麻美が出演した番組は、自分の過ごしてきた東京と音楽、これまで出会った人や出来事を語る企画で、作詞家の松本隆、精神科医・きたやまおさむ、小説家・平野啓一郎、写真家・岩合光昭、音楽プロデューサーの松任谷正隆、シンガーソングライター・森山直太朗、俳優・岡本健一らが出演している。

編成デスクの言った『東京の声』という表現には私も同感した。

ラジオ育ちだから声色《こわいろ》で真実の度合いがわかる。ラジオは聴く者の想像力を刺激し、リスナーそれぞれに映像を生む。「ラジオは究極の影像芸術だ」とは脚本家の倉本聰さんの言葉。倉本さんもニッポン放送のディレクターだった。

「東京を感じた」という小林麻美の声。そう、それはユーミンがプロデュースし、日本語の歌詞も書いた往年の大ヒット曲『雨音はショパンの調べ』の声。声とは風が運ぶもの。その風は「時代」ともいえる。

私が評伝『小林麻美　第二幕』（朝日新聞出版）を上梓した後も、ときおり連絡を取り合っていたが、新型コロナウイルスの感染拡大もあり、対面での再会は久しぶりだった。

待ち合わせたのは、彼女の友人でもある三好玲子の店「サバティーニ・ディ・フィレンツェ」。銀座の街角が見渡せるイタリアンレストランだった。ちょうどこの店の近くで生まれ育った田邊昭知と結婚し、麻美の本籍もこの地になった。

「そんなこともあって、銀座とはすごい縁を感じるの」と彼女は微笑んだ。「いまも私たち家族の本籍は有楽町」

十代から着はじめたイブ・サンローランのコレクションが百八十着と、ジェーン・バーキンばりにハイブランドを着こなしてきた（コレクションの大半は日本服飾文化振興財団に寄贈）、そんな彼女との再会にふさわしい場所で、スプマンテの泡とともに艶やかな黄昏時の食事となった。

「結婚をして、こうして銀座に戻ってきました」と麻美が灯りはじめた銀座のネオンを振り返る。

「二十代は六本木、青山や原宿だったけれど、いまは買い物も食事も銀座。落ち着くんですよね。夫の子どもの頃の友達がいまでも住んでいるし。銀座アスターも友達の店です」

麻美の銀座デビューは小学生。自宅のあった大森から京浜東北線に乗って母と姉と三人で街に出た。

「電車で一本です。母はよそ行きの服装で、私たちは揃いのワンピース。銀座方面に行くのは一大イベントでした。日本橋高島屋で買い物をしてご飯を食べて。洋食ならコックドール、餃子で有名な銀座天龍には玄関先に着物を着たお相撲さんが二人並んで立っていました。そうそう、天龍のオーナーの息子さんは私の息子の小学校の同級生。あとは鳥ぎんの釜めしでしょ。おしまいには四丁目の不二家のパフェ！」

そんな小林家だったが、大好きな父が不在がちの家でもあった。

「ロマンチストの父でした。背の高さは娘の私もその血を継いだのだと思います」

小学生時分の写真を見ると、麻美は他の子より頭一つ大きい。母は「アサヒグラフ」のモデルを頼まれるほど美しかったが、いい男といい女の家庭が必ずしもうまく回るわけではないのだと、子ども心に不条理を感じることもあった。父には家の外に女性が何人もいた。「こんな綺麗なママがいるのに、パパはなぜ他のひとがいいのだろう」(『小林麻美 I will』文春文庫)

赤坂の山脇学園に通っていた六歳上の姉は、高校を出るとピアノを習っていたボーイフレンドと結婚し、美容組合の幹事もしていた母は仕事で忙しい。実家にはお手伝いさんだけ。麻美はいつも一人だった。

「お金なんかいらないから、学校から帰ってきたら『お帰り』ってママがいて、よその家の子のように、おやつに紙で包んだかりんとうを貰いたいって、切実に訴えたことがあります。父にもおうちに帰ってきてって泣いたこともある。まるで通じなかったけど」(同前)

地元の公立小学校を卒業し、三田の普連土学園中学に入学する。理由は土曜が休みだったから。

「当時、土日が休みなのは、慶應、ドミニコ、そして普連土だけだった。で、受験したのが普連土というわけです」

休日は銀座で映画三昧。「おまわりさんに何度補導されたか。学校も行かないで、なにほっつき歩いてるんだって」

普連土の制服は紺のジャンパースカートにベレー帽。ブラウスは丸襟。鞄も紺と決められていた。麻美はその丸襟を角襟にしたり、鞄を茶色に変えたりちょっとしたアレンジをした。しかし背の高い分、いかんせん目立ってしまう。

「職員会議であなたの名前が出ない日はありません！」と生活指導の教師に目をつけられたが、そんなことより休日と放課後にとっておきの楽しみがあった。

ＧＳ《グループサウンズ》、日劇ウェスタンカーニバルである。

小林麻美　モデル、歌手②

サンローランが似合う十七歳

G

Sが出演する日劇ウェスタンカーニバルの当日券目当てに、小林麻美は実家から大森駅始発の京浜東北線に乗って早朝の有楽町へ。彼女はまだ中学生だった。

「舞台袖のボックス席です。日劇はいまマリオンがあるところにあって、近くの朝日新聞社からはインクの匂いがプーンと漂ってきた。ガラス越しに鎮座していた輪転機も覚えています」

彼女の目当ては、ザ・タイガース。

「夏の朝に並んで、コンサートは始めから終わりまでギャーって叫んで終わる。観終わったら出待ちです。日劇のおじさんに水を撒《ま》かれたり。ブルーコメッツとスパイダース？　おじさんバンドで興味なかったな」と笑う麻美は、ファンクラブ渡辺プロ友の会にも入るほどの熱烈なジュリーファンだった。

「銀座ACB《アシベ》や池袋のドラムにも行きました。でもね、ジュリーはミーハー心でおっかけていただけ。本当を言えば内田裕也さんや麻生レミさんのフラワーズや（ゴールデン）カップス、あとはモップスが好きだった」

FEN（在日アメリカ軍の英語放送、現AFN）のヘビーリスナーだった小林麻美はジャニス・ジョプリンやジェファーソン・エアプレイン、ドアーズをこよなく愛するロック少女でもあった。

初めてのボーイフレンドの名前はAmadeus《アマデウス》。ドイツ人の父と日本人の母を持つダブルで、本格的にロックを教えてくれたのは彼だった。マオというニックネームを持ち、大森の高級住宅地、山王の東京独逸《ドイツ》学園に通っていた。

「パパは指揮者で、ママはオペラ歌手でした。自宅にはベヒシュタインのグランドピアノがあった」

ベヒシュタインとはドイツのピアノメーカーだ。マオの父は戦前に祖国から逃れてきた亡命者。大柄で、日本語はほとんど話せなかった。

「私が遊びに行っても『こんにちは』ぐらい。ヨーロッパ的な暗い印象で、この人にはあまり触れてはいけないって、子供心にそんなことを感じました」

ロックギタリストを夢見ていたマオからジミヘンのアルバム『パープル・ヘイズ』を借り、横浜のアメリカ軍基地について行った。ダンスフロアではマイクロミニの金髪娘が踊っていて、ボウリング場に映画館もあった。

「カフェテリアのゼリーは七色だったの。いったい、これはなに?って。こっちはあんみつしか知らないのに」

マオと一緒のときは横浜の米軍基地に、学校の友達とは銀座に出かけた。

「普連土のある田町駅から都電に乗ってね。三愛の一階でアクセサリーを物色して、ソニープラザで化粧品を見て、銀座千疋屋のフルーツサンドを頰張った」

クラスメイトにつけられたあだ名が「ドカベン」。痩《や》せていたが、人一倍食いしん坊の麻美だった。

「みゆき通りではキャンドルです。チキンバスケット発祥の店ね。甘味屋なら鹿乃子。なにしろ制服だから、生活指導の先生に見つからないように」

でも背が高い上に、とりわけ美少女の麻美はどうしても目立ってしまう。

銀座には警察だけでなく各学校の教師が持ち回りで目を光らせていた。

「何度も母が学校に呼び出されました。十三回呼び出しになると退学になるって話もあって、母が『どうしよう、今度で十三回目だわ』なんて焦っていた。ま、退学にはなりませんでしたけど（笑）」

麻美が初めてスカウトされたのも銀座である。十五歳、中学三年だった。みゆき座にロマン・ポランスキー監督の『ローズマリーの赤ちゃん』を観に行ったときだ。「観終わってトイレに立つと、『あのう……』って声をかけられたんです」

ロリータ好みのポランスキー作品を観たばかりだった。ヘンなおじさんだと思いながらも「家に電話してくれませんか」と促され、公衆電話で母に連絡した。通称「赤プロ」と言われる大手の赤坂プロダクションのスカウトだったが、普連土では芸能活動はご法度だった。

翌年高校に進むと神経性胃潰瘍、骨髄炎、急性肝炎を併発して入退院をくり返す。父が不在のストレスとも言われた。

普連土を辞め、御茶ノ水の文化学院に入学。与謝野晶子・鉄幹夫妻が創設した「国の学校令によらない自由で独創的な学校」は、かつて菊池寛、北原白秋、有島武郎、芥川龍之介らが教壇に立ち、日本初の共学、服装も自由。普連土とは真逆だった。

「私立で何かやらかしてしまった子どもたちが集まっていた。全員びっくりするような恰好で登校してくる。ヒッピーみたいな学校でした。みんなと箱根の富士屋ホテルに泊まりに行くこともあった。同級生の男の子が、ちょっとばあちゃんに金もらってくるって軍資金をせしめにいったり」

イギリスのモデル、ツイッギーにも似た痩身《そうしん》にパープルのミニスカート。白いブーツに茶髪。眉を剃《そ》ってつけまつ毛。麻美自身もこれまでとは真逆の出《い》で立ちになった。スウィンギング・ロンドンとラブ&ピース、世界はベトナム反戦を訴える学生運動の時代だった。学生の反乱はパリ五月革命、ニューヨーク、東京でも。

「一九六九年の佐藤首相訪米阻止のデモは覚えています。銀座でもデモがありました」。麻美は十六歳だった。

「銀座に住んでいた友達が『家に火炎瓶を投げ込まれちゃって』なんて、そんなことを言っていた」

翌年、赤坂プロダクションと正式契約、モデルとして雑誌「女学生の友」やコマーシャルにも登場するようになる。イヴ・サンローランとの出会いもこの頃だ。神宮外苑の銀杏並木が青山通りに突き当たったところにあったブティック、イヴ・サンローラン リヴ・ゴーシュは深夜〇時まで営業し、モデルや女優御用達の店だった。

　ここで彼女は初めてサンローランを買っている。ベルト付きで、フロントにパッチポケットが付いたカーキのサファリジャケット。

「モデルやＣＭで稼いだお金はサンローランに。実家暮らしだったし、その辺のおじさんより稼いでいたから」

　赤坂や青山に出没、朝帰りをくり返していた彼女は一九七二年、東芝音楽工業から『初恋のメロディー』（橋本淳作詞、筒美京平作曲）で歌手デビューを果たす。同期に西城秀樹や麻丘めぐみ、五十嵐じゅんがいた。

エレガンスとアンニュイ

小林麻美 モデル、歌手③

「ジャン＝ポール・ベルモンドが主演していたフランス映画を観て、ルイ・ヴィトンのトランクは自分で持つものではない（従者に持たせるもの）。そんなことを知りました」

小林麻美は映画や本からヨーロッパ・エレガンスを学んだ。その映画のタイトルは『相続人』。一九七三年公開である。

歌手デビューはしたものの、アイドルとしての自分に違和感を拭《ぬぐ》うことができなかった。

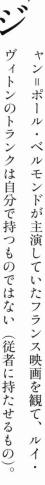

東京に生まれ育った子は老成する。ロック、学生運動、フラワームーヴメント、そしてルイ・ヴィトンやイヴ・サンローランを知ってしまった彼女は、周囲のアイドルのように笑顔を振りまくだけの役割に満足するわけがない。ときおり不機嫌な顔を見せ、背が高いため猫背になり、それが不貞腐《ふてくさ》れたように映りもした。

そんな彼女の可能性を見抜いたのは、ナウファッションエージェンシー（現N・F・B）社長の岩崎アキ子だった。

二十代から旧平凡出版の木滑良久や淀川美代子といった編集者たちと働いていた岩崎は、麻美のアンニュイな表情に惹《ひ》かれた。

「どんな歌を歌っているのかも知らなかった。でも、ファッションが『できる』人だとは思ったわ」

田辺エージェンシーからマネージメントの委託を受けた岩崎が、モード系のファッション誌「装苑」に麻美を登場させると、それが石岡瑛子の目に留まり、PARCOの伝説的CM『淫靡《いんび》と退廃』（一九七六年）の起用につながる。

石岡瑛子は後《のち》にマイルス・デイヴィスのアルバム『TUTU』のジャケットデザインでグラミー賞、映画『ドラキュラ』衣装デザインでアカデミー賞を受賞するアートディレクターだ。

石岡との出会いを麻美はこう回想している。

「駿河湾に面する沼津港でクルーザーが私を待っていたんです。夜でしたが、照明が煌々《こうこう》としていてスタンバイは完璧でした。石岡さんが用意していたのは、目の覚めるような三宅一生の真っ赤なイブニングドレス。ニューヨークから帰国したばかりのヘアメイクの野村真一さんは、私の髪のリボンをはぎ取り、ひっつめにして、これがいいわって鏡越しに私を見た」

CMのコピーは「人生は短いのです。夜は長くなりました」。

「超一流と仕事をすることは、『魔術』にかかることだと知りました。力が結集している場所に自分はいる。やっとこういう場所に来たんだって」

石岡は船上でジャン・ルノワールの映画『ピクニック』のサントラを流し、「さあ、踊って」と麻美に告げた。タキシード姿の初老の男性に後ろから抱かれながら、麻美はゆっくりと踊った。そして自分はこういう世界が好きだったと気づいた。

反逆と挑発で喝采を浴びた二十世紀最大の写真家ヘルムート・ニュートンは、こんな言葉を残している。

「女優やモデルは人形に過ぎない。私が興味を持つのは外見のみ。顔、脚。意思なんて興味ない。男を見下す背の高い女性が好きだ」

高貴と狂気を探し求める表現者にとって小林麻美は絶好の「オブジェ」となった。彼らの手にかかって麻美は時代を刻むミューズになった。そしてユーミンが日本語詞を書いた『雨音はショパンの調べ』がリリースされる。小林麻美と松任谷由実、最先端を走る二人のコラボレーションは密やかな共犯の匂いも手伝い、オリコン週間チャート三週連続一位の大ヒットを記録する。

しかし、モデル・歌手・女優として注目を浴び続けてきた小林麻美は、一九九一年、突如芸能界から姿を消す。出産、そして、それまで徹底して秘匿された所属事務所社長田邊昭知との結婚である。ユーミンはこうふり返る。

「ただの結婚ではなく相当の覚悟でけじめをつけた。自分の有り様っていうのかな、それを貫いた。彼女は美意識が高い人。麻美ちゃんは麻美ちゃんで、確固たる雲としてしっかり空に浮かんでいました。女が女に憧れるという図式を作った」

ユーミンも含めて芸能界の交友を一切絶《た》ち、「小林麻美」は表舞台から消えた。


それから四半世紀が経った二〇一九年の暮れ、銀座一丁目のポーラ ミュージアム アネックスにはシックな装いの大人たちが集まっていた。

モード最高峰、イヴ・サンローランのヴィンテージコレクション展「Mon YVES SAINT LAURENT」。そのオープニングセレモニーにはデザイナー、女優、モデルや編集者たちが華やかにシャンパングラスを掲げた。その輪の中心には「小林麻美」がいた。彼女の名刺には「日本服飾文化振興財団評議員」とあった。「つねに進化し続けるファッション」がコンセプトのコレクションは麻美が寄贈したヴィンテージのサン＝ローランだった。

それよりちょうど三年前の二〇一六年七月、麻美は多くのメディアが注目する復活劇を果たしている。

サンローランのタキシードに身を包み、婉然《えんぜん》と読者に微笑《ほほえ》みかけながら「伝説のおしゃれミューズ衝撃の登場」というコピーで雑誌「クウネル」の表紙を飾り、人生の第二幕を開けたのだ。仕掛けたのはN・F・Bの岩崎アキ子とマガジンハウスの淀川美代子。「つねに進化」という言葉同様、それ以来、彼女はエッセイや写真と枠にとらわれない活動を続けている。

イタリアンレストラン、サバティーニ・ディ・フィレンツェで麻美が最後に話してくれたのは、二〇一七年にこの世を去ったムッシュことかまやつひろしとの思い出だった。

「あんないい人はいなかった。自分は一歩引いて、いつも私たちを主人公にしてくれた。優しくて、怒ったところも、声を荒らげるところも見たことがありません」

麻美の言う「私たち」とは、彼女とユーミンのこと。もう時効だろうから教えてあげるねと、麻美が悪戯《いたずら》ぽく笑った。

「ムッシュのボロボロのミニクーパーに乗って、銀座通りを酔っぱらって猛スピードで猥褻《わいせつ》なことを叫びながら走り抜けたことがあるの。新しくポルシェを買ったときは、ツーシーターにユーミンと私と三人乗って、狭い車内で大騒ぎ。楽しかったな」

ムッシュの思い出を語る小林麻美の美しさを引き立てているのは銀座の夜景だった。その灯りは、かつて石岡瑛子がクルーザーの上で焚《た》いたきらびやかな照明のようにも見えた。

村井邦彦　作曲家、音楽プロデューサー①

「吉田健一の銀座」をたどって

二〇一五年九月二十八日、今も もう取り壊されたＢｕｎｋａｍｕｒａオーチャードホールでの『ＡＬＦＡ ＭＵＳＩＣ ＬＩＶＥ』の夜。私はその打ち上げを忘れることができない。

このライブは、松任谷正隆・由実夫妻、細野晴臣から村井邦彦への古稀のバースデープレゼントだった。

ティンパン・アレイをバックに「荒井由実」という名でユーミンが『中央フリーウェイ』を歌い、吉田美奈子は『夢で逢えたら』を、加橋かつみが『愛は突然に』、そしてGAROの大野真澄『学生街の喫茶店』、赤い鳥の後藤悦治郎と平山泰代『竹田の子守唄』に続いて、ブレッド&バター『あの頃のまま』、サーカス『Mr.サマータイム』を味わい、大団円のYMOに至るまで、安保闘争で激動の六九年、村井邦彦が創設したアルファミュージックの歴史を音絵巻で繙《ひもと》く壮大な試みに、客席から称賛とため息が漏れた。

「とんでもなく画期的で新しく、革命的な存在だった」と当時を知る秋元康が絶賛したアルファミュージック。その集団を取り巻いた笑顔とざわめきが目の前にある。


もう決して見ることができないだろう、聴くことはできないだろうと思っていたメロディと歓声がここにある。終演後の宴で立ち現れた「村井邦彦の時代」と「その主役たち」に向け、私はシャンパングラスを掲げた。

「単なる回顧ではなく、何が成功して何が失敗したのか、そういうことを含めてマンタ(松任谷正隆)が構成・演出をしてくれた」と村井は振り返る。「文化の継承っていうのかな、過去をつないで次のものを作っていく。その連続性の中に自分がいるとわかったんです」

時代をまたぎ、継承される文化。村井の場合、それは音楽だけに限らない。彼は幅広く深い教養を培《つちか》いながら時代を俯瞰《ふかん》し、自らの感性を育んでいった。

「どんな話をしましょうか。吉田健一の頃の銀座はどうだろう？　古すぎるかな？」

「古すぎることはありません。吉田健一の銀座、お聞きしたいですね。それから母校・暁星学園の話も。松本白鸚さんと中村吉右衛門さんご兄弟が暁星時代、村井さんとご交友があったと聞きました。高校生のとき、白鸚さんからレコードをお借りしたそうですね」

文芸評論家でイギリス文学者、翻訳家、小説家だった吉田健一の父は吉田茂である。母・雪子は（内大臣）牧野伸顕の娘。つまり、健一は元勲大久保利通の曽孫にあたる。

「中学三年のころ、彼が翻訳した（アーノルド・J・）トインビーの『世界と西欧』を読んだのが最初でした。独特の文体に魅せられて読み進めるうちに、暁星の先輩だとわかってきました。神田の古本屋で全集を手に入れたものをいまでも愛読しています。評論の他に、酒や食べ物のことも書いているのですが、その中に銀座がたびたび出てきます。吉田さんは一九一二（明治四十五）年の生まれですから、昔の銀座の失われてしまった風景がとても懐かしいのです」

長谷川郁夫『吉田健一』（新潮社）によると、吉田は毎日のように銀座に出没していた。

「吉田健一が私の前に現れたのは、今から二十何年前である。（略）今度文学志望のかういふ青年がイギリスから帰つて来たが、ほかにつてがないから宜しく頼む、といつて、荷札のとれた荷物みたいに、ドカッとうちへ置いていつた」（河上徹太郎）

諸先輩に「吉田の健坊」と可愛がられ、酒神《バッカス》に愛されているかのように中原中也や大岡昇平と「はせ川」で痛飲し、「資生堂」や「門」で茶を飲んだ。

高校生の村井はそんな吉田の著作を手に銀座界隈《かいわい》を歩いている。

「銀座には縦横無尽に水がありました。（吉田が遊んだ）三原橋の料理屋なんかに行くと、夕日が水路に映《は》えて、それは見事な景色だった」

久保田万太郎は「東京は水の都のかすみかな」と松坂屋屋上で開かれた文壇句会で銀座の街を詠んだ。

「ほろびゆく銀座情緒に、最後の名残りを惜しむ、歴史的にも意義ある催しとなったようだ」とその句会を評した俳人の車谷弘は、「デパートの屋上から船をうかべた東京湾がみえるばかりでなく、脚下に、新橋川や、築地川も流れていて、銀座界隈には、たしかにまだ、水の都の面影が残っていた」と回想している（『銀座の柳』中公文庫）。

ちなみに文藝春秋社の専務でもあった車谷は編集者として『銀座百点』に携わり、脚本家だった向田邦子に連載をすすめ、それが昭和の家庭を描く『父の詫び状』という随筆集になった。

「健一の息子の吉田健介さんは暁星で二年先輩でした。藤間昭暁《てるあき》（松本白鸚）さんと同級生です。休み時間も教室に残り、席に座っていたのを覚えています。昭暁さんが、『彼はいつもひとりなんだ。友達がいないようだ』って言っていました」

眉目秀麗でクラスメイトにも丁寧語を使った健介は、暁星を卒業すると東大へ。そこからケンブリッジ大学に移り、イタリアのローマ大学で理論物理学の教授になる。

暁星は限られた特別な価値観を保持するフランス系ミッションスクールである。父兄には夏目漱石、与謝野晶子、吉田茂。卒業生はフランス文学者渡辺一夫、白井浩司、哲学者で登山家の串田孫一、駐米大使牛場信彦、小澤征爾を育てたクラシックの齋藤秀雄、文芸評論家の今日出海、ジャーナリスト磯村尚徳と、外交官や学界・政財界、梨園の子弟の多くが門をくぐった。

在校生の係累《けいるい》には各界中枢の人物が存在し、国の成り立ちやシステムのあり様《よう》が身近にわかる。

村井の父は戦前は海軍の技術将校で、後に建築家になった。母は息子を暁星に、娘を自分と同窓の四谷の雙葉に入れた。

ジャズやクラシックに親しんだ村井は銀座のヤマハでヘンリー・マンシーニやグスタフ・マーラーの楽譜を探した。神田神保町の古書街で手に入れた吉田健一を愛読する一方、銀座で真新しい譜面を漁る日々。

村井は音楽を通し交友を広げる。

「同級生の波野辰次郎（中村吉右衛門）と昭曉さんとピアノトリオを組んだこともあります。三人で一緒にジョージ・シェアリングやカウント・ベーシーなどのレコードをよく聴いたものです」

ブラスバンド部でクラリネットを吹き始めた村井は、高校に入るとジャズスクールでアルトサックスを学ぶ。そこで知り合った慶應義塾高校の友人に誘われて飯倉キャンティに足を運ぶと大きな出会いが待っていた。本書で何度も登場する川添浩史・梶子夫妻である。

村井邦彦　作曲家、音楽プロデューサー②

キャンティで過ごしたティーンエイジ

「六本木には路面電車が走っていてね、夜になるともう真っ暗。ハンバーガー・インにあったジュークボックスでルイ・アームストロングやフランク・チャックスフィールドのイージー・リスニング『引き潮』を聴きました」

キャンティが開店したのは一九六〇（昭和三十五）年。「子供の心をもつ大人たちと、大人の心をもつ子供たちが出会う場所です」「美食は最高の美徳」「文化は溜まり場から生まれる」。そんな言葉が似合うイタリアンレストランで、村井はパリ生まれのカーレーサー、福澤幸雄と出会う。彼は福澤諭吉の曾孫である。

「慶應の一年上でしたが、僕は『サチオ』と呼んでいた。彼にはヒール&トゥを教えてもらいました」

ヒール&トゥとはマニュアル車のスポーツカーに欠かせないテクニック。右足のつま先（トゥ）でブレーキを踏み、シフトダウンしながら、踵《かかと》（ヒール）でアクセルを煽《あお》って回転数を上げ、シフトチェンジ。そうすることでスムースなシフトダウンができる。

「カーレーサーといえば最先端の職業で、サチオはモータースポーツ界のスターだった。お父さんの進太郎さんは慶應大学でフランス語を教え、僕はそのクラスを取っていました」

幸雄は学生ながらトヨタ専属のドライバーだった。乗った車はスポーツ800、1600GT、2000GT、トヨタ7。付き合っていた相手はピーターこと松田和子。ピーターは一九五九年にモデルデビューするとパリに渡り、クリスチャン・

りつめた。


ディオールの専属になり、日本人として初めてパリコレに進出、トップモデルに上りつめた。

　ピーターというニックネームは、ピーターパンから。オードリー・ヘップバーンに似たファニーフェイスに、少女なのか少年なのか、中性的な魅力からそう呼ばれた。パリから帰国してキャンティに通っているうちに幸雄と恋に落ちたのだった。

「キャンティのオーナーだった川添浩史と梶子さん夫婦はサチオや僕を自分の友達のように接してくれた。人を年齢や立場で区別しない。海外からもフランク・シナトラ、ベルナルド・ベルトルッチ、ジェローム・ロビンズが来ていました。イヴ・サン＝ローランやカトリーヌ・ドヌーヴとは一緒にご飯を食べたな。黒澤明や黛敏郎、一流の芸術家たちの佇まいを見ることができたのは得がたい経験でした。遅くなると、歩いて数分の狸穴に住む波野辰次郎のアパートに泊めてもらいました」

　波野辰次郎とは二代目中村吉右衛門。暁星高校の同級生で、ジャズ仲間でもあり、彼が歌舞伎座に出演すると楽屋に遊びに行く仲だった。

「同じ建物に父親の初代松本白鸚さん一家が住んでいました。昭暁さん（二代目白鸚）、辰次郎はそれぞれワンルームの部屋に住んでいてね、初代の白鸚さんも暁星の大先輩。家族のような付き合いでした」

昭暁にバート・バカラックのレコードをごっそり借り受けたのはこの頃である。市川染五郎時代に東芝レコードから歌を出していた関係で、彼のレコード棚にはシリアルナンバー付きのビートルズホワイトアルバムなど貴重なレコードが揃っていた。

「そのバカラック、まだ返していないなぁ」と村井は苦笑するが、類稀《たぐいまれ》なメロディーセンスで多くのヒット曲を放ち、「日本のバカラック」と称された村井の原点は高麗屋のレコードにあったのだ。

「キャンティを紹介してくれたジャズスクールの連中が塾高のジュニア・ライト（ライトミュージックソサイエティ高校部門）にいて、連中はそのまま大学に進学。僕も受験して慶應に入りました」

大学ジャズの名門ライトミュージックソサイエティで楽曲のアレンジを学びながら四年生に。いよいよ就職となるのだが、独立心旺盛な村井はレコード店を始める。

「赤坂にあったホテル・ニュージャパンのラウンジでピアノを弾くアルバイトをしていたのですが、隣に友人の一家が大きなカフェとセレクトショップを開くことになり、その一隅でレコードを売ることを思いついたのです。赤坂にはナット・キング・コールのような歌手が出演するナイトクラブがたくさんあって、場所柄、洋楽のレコードが売れるにちがいないと考えた。開店資金？　父ですよ。もちろん、あとで返しました」

レコード店の名前は「ドレミ商会」。ビートルズと並んでブルーコメッツやザ・フォーク・クルセダーズも売れた。なぜだろう？　家に持ち帰ってじっくり聴くと、「洋楽的な要素がすごく入っていた。こういう曲なら自分にも書けるのではないかと思いました。楽譜出版社に勤める友人がレコードのディレクターだった本城和治さんを紹介してくれて、作曲を始めたのです」

そして書いたのが『待ちくたびれた日曜日』。それをギリシャ人歌手ヴィッキーが歌ってチャートイン。次に書いたザ・テンプターズの『エメラルドの伝説』がなんとオリコンチャート一位に。大学卒業が六七年、翌年にいきなり流行作曲家になってしまう。

「当時活躍されていたのは、フジテレビのディレクターだったすぎやまこういちさん、日本グラモフォンの筒美京平さん。訳詞をしていたなかにし礼さんや安井かずみさんも作詞家になった。矢継ぎ早の曲の依頼で、寝る暇なんてありませんでした」

作曲家といえば吉田正や古賀政男といった大御所がレコード会社の専属で書いていた。そこに村井のような畑違いの才能溢れる野心的な若者たちが入ってきた。

元ザ・タイガースの加橋かつみがパリのバークレーレコードと契約し、現地レコーディングすることになった。フラメンコギタリストでキャンティの御曹司だった川添象郎がプロデューサーとなり、村井も同行した。そこで日本で音楽出版の代理店をやらないかと持ちかけられる。クインシー・ジョーンズやミシェル・ルグランを世に出したバークレーレコードの社主エディー・バークレイは象郎の父、川添浩史の友人だった。

法学部出身の村井は知的所有権や著作権に興味があり、彼の誘いに何曲か買い付けることにしたが、契約には会社名が必要だった。

「象ちゃん（象郎）に相談したら『ギリシャ文字でアルファがいい。アルファベットで最初の文字だし、五十音でも最初じゃないか』と。彼はそう言いながらホテルの部屋のメモ用紙に『ＡＬＦＡ』と書いたのです」

アルファ・ミュージックの誕生の瞬間である。最初に買い付けた曲が『COMME《コム》 D'HABITUDE《ダビチュード》』。

「百ドルです。たったの。試しだからそれでいいよって」

この曲のアメリカでの権利をポール・アンカが買い、『MY WAY《マイウェイ》』というタイトルでフランク・シナトラが歌って、世界的ヒットとなった。

時はパリ五月革命の翌年の六九年。村井は二十四歳だった。これからの文化は若者が作るべきという時代の雰囲気があった。公民権運動、ベトナム反戦と、世界の若者が同時多発的に反乱を起こしていた。主役は若者になったのだ。

七〇年にアメリカ最大手の音楽出版会社スクリーン・ジェムズの日本における権利を取得。そこにはキャロル・キングやニール・セダカ、バート・バカラックの楽曲が含まれていた。

「パリ、ロンドン、ニューヨーク。どこにでもすぐに飛んでいきました。人工衛星みたいにぐるぐる地球を回る生活が始まったのです」

村井邦彦　作曲家、音楽プロデューサー③

荒井由実との出会い

「ユーミンは初めて会ったときから、はきはきと自分の意見を言うきちんとした女の子でした」

ユーミンこと荒井由実は大正元年創業の八王子の大店、荒井呉服店の娘である。十六歳ながら加橋かつみの『愛は突然に…』のメロディを作り、青山ビクタースタジオでそれを聴いた村井は儚《はかな》さと繊細さに心を打たれる。

荒井由実は、村井が設立したアルファミュージック専属作家第一号になった。

「キャンティの象ちゃんがミュージカル『ヘアー』の上演を手がけたんです。十三歳だったユーミンがオーディションを受けたいと思ったけど若すぎて受けられず、それでもオーディション会場には行ったそうです。キャンティにもときおり来ていました」

専属になった荒井由実は三鷹の立教女学院に通いながら、週に何回か慶應のキャンパスの南側、三田東急アパートにある事務所に通った。

「若いのにいろいろなことをよく知っていた。人生の機微というか、人生とは何かを考えているところがあって、それが曲に反映されていました」

立教女学院の正門に向かって左に教会があり、隣の小部屋に置かれていたピアノで『ひこうき雲』を作った。テーマは生と死。イギリスのロックバンド、プロコル・ハルムに触発された香気漂うリリカルな作品である。

のちにユーミンは曲作りに励んだ十代をふりかえり、こう語っている。

「八王子から（学校やキャンティなどに）通っていました。車窓から景色を見たり、詩を書いたり」

八王子にはいくつもの川が流れ、霧も多い。そこから『ベルベット・イースター』が生まれた。

「ベルベット」は川面を揺蕩《たゆた》う霧の柔らかさを暗示する。春分の日のあと、最初の満月の次の日曜。復活祭（イースター）の頃には霧が出る。川面の上をゆったり流れる早朝の霧に包まれた自分を描く、少女らしい幻想的な曲だ。

「彼女の持ち歌が二十曲ほどになった頃かな、僕はユーミンの声に興味を持ったんです」

どちらかといえば低い声。媚《こ》びがないぶん品とイノセンスが生まれる。同じ時期、ジョニ・ミッチェルやフランソワーズ・アルディは等身大の自分を歌っていた。自分の声で、語りかけるように。

「シンガーソングライターの時代が訪れようとしていました。自然な成り行きで、作曲家としてだけではなくユーミン自身が歌うことになった。かまやつひろしさんのプロデュースでシングルを出すことになりました」

『返事はいらない』は、ゆるやかなレゲエのリズムの斬新なアレンジが話題になったが、三百枚しか売れず、それもあって幻のデビューシングルと呼ばれるようになる。

村井は細野晴臣に声をかけ、ユーミンのファーストアルバムに取りかかった。作品の制作にあたってはキャロル・キングの『つづれおり』のようにヘッドアレンジで作り上げるやり方を採った。

ヘッドアレンジとは、譜面に頼らずその場のインプロビゼーションでアレンジを進めていく制作方法。高い技量とセンスが求められるが、細野は林立夫（ドラムス）、鈴木茂（ギター）、松任谷正隆（ピアノ）を連れてきた。彼らをバックに制作された『ひこうき雲』はいまも聴き継がれる永遠の名盤となった。ユーミンは十九歳。のちの伴侶となる松任谷正隆は慶應の学生で、二十二歳だった。

セカンドアルバム『MISSLIM《ミスリム》』のジャケットのスタイリングはキャンティの川添梶子。サンローランの黒いロングドレスを着せ、自らのグランドピアノの前にユーミンを座らせた。そのジャケットは全盛だった四畳半フォークとは対極の洗練さだった。

七五年、『あの日にかえりたい』がオリコン一位になり、日本のミュージックシーンは絵画的・都会的なユーミンの世界が主流になった。

同じ頃、ＹＭＯ（イエロー・マジック・オーケストラ）も胎動していた。

ある晩、キャンティで細野晴臣が村井に構想を打ち明ける。

「細野君が情熱的に夢を語るんだな。ふだんは静かな人で、いつもぼそぼそと小さい声だったから、よけい印象が強かった」

日本人の僕らがコンピューターを使ってアメリカのヒットチャートを駆け上がる。そんな細野の夢が現実になる。

村井のプロデュースで結成されたＹＭＯは七九年に初のアメリカ公演を敢行、ロスのグリーク・シアターで絶賛され、ヒットチャートにランクインした。

「僕らは既成のレコード会社とか芸能界の常識からはまったく自由だったんです。

ただひたすら自分たちが納得できる、いい音楽を作ることに専念していました。お金のことはあまり考えなかった」

そして二〇一五年九月。松任谷正隆の演出による『ＡＬＦＡ ＭＵＳＩＣ ＬＩＶＥ』でユーミンが客席に話しかけた。

「(アルファミュージックは) 八〇年代には幕を閉じてしまうことになります。あっという間の十数年、でも、音楽的にはとても変化の多かった十数年と言えます。私たち全員には共通するカラーがあった。どこか街の明かりが見えるような、埃が舞っているのが見えるような。それがアルファだったのかもしれないし、あの時代だったのかもしれません」

スピーチに続き、村井邦彦はＹＭＯの細野晴臣、高橋幸宏とステージに登場した。

「細野君に『どんなものでも演奏するから好きに書いて』と言われたので、ジャズ・コードを使って、ラテン・ビートのリズムで『ライディーン』をアレンジしました」

その後、村井が『美しい星』をピアノの弾き語りで披露すると、「村井さんはクルーナーだな」と細野が呟いた。クルーナーとはビング・クロスビーなど、柔かく抑制のきいた低い声で囁《ささや》くように歌うスタイルの男性シンガーを指す。

「大体、こんなところかな」と村井はひと息ついた。

このインタビューはZOOMでロスと東京を繋《つな》いで行われた。

帰国したらまず銀座に行ってみたいと言う。

「銀座の『よし田』の小上がりで吉田健一が飲んでいたら、ある客から一杯飲まないかと勧められた。菊正宗の技師だった。吉田は誘われるまま特急『つばめ』に揺られ灘まで行く。その顚末《てんまつ》は『酒宴』という小説に書いてあってね」

よし田は数寄屋通りの二階に場所を移して、いまも営業を続けている。

「帰国されたら（松本）白鷗さんにレコードも返しに行かないと、ですね。ほら、バート・バカラックの」

「そうだ。みんなで会いたいね」

パソコンの画面越しに、村井先輩が微笑《ほほえ》んだ。

「ぼくは親友の家族を守る」

久世朋子　「茉莉花」主人①

二

〇二一年の一月、「銀座百点」で『父の詫び状』を連載した向田邦子没後四十年回顧展が青山スパイラルで開かれた。

「向田邦子さんは山田太一さん、市川森一さん、橋田壽賀子さん、倉本聰さんと並んで神様のような存在です」と内館牧子さんに伺ったことがある。内館さんいわく、放送作家の「神ファイブ」なのだそうだ。

会場では留守電に残されていた向田の肉声を聴くこともできた。甲高く、早口なのはいかにも東京人らしかった。

その年の五月、小林亜星が亡くなった。向田が脚本を書き、久世光彦が演出したTBSドラマ『寺内貫太郎一家』の主役だった。亜星をブッキングしたのは久世。配役を聞いた向田は「冗談じゃない」と息巻いた。だが、久世が向田に亜星を会わせると一転ニコニコ。

「姿かたちが西郷さんみたい！　声がいい！」

西郷《せご》どんは鹿児島の生まれ。戦前、転勤族の父とともに向田一家は東京から鹿児島に移り住んだことがある。

寺内貫太郎のモデルは彼女の父だった。丸刈りに半纏《はんてん》姿。あたりかまわず「ばかやろう！」と怒鳴り散らし、妻も長男も張り倒す石屋の親父。徹底した頑固ぶりは久世の演出だった。亜星は作曲を生業とし、演技は素人《しろうと》だが久世のディレクションで「昭和の父」そのものになった。

亜星を追悼した「亜星さんの銀座を歩く」という毎日新聞の記事（二〇二一年六月二十四日夕刊）で、ある女性が亜星の人となりを語っていた。六丁目にあったバー「茉莉花《ジャスミン》」のママ、久世朋子だ。

「久世」という苗字に私は膝を打った。映像事業を担当していた同僚の話を思い出したのだ。

「TBSに『ムー一族』というドラマがあってね。新富町だったか、そこの足袋屋の話で、向かいにある履物屋の娘役だった。お父さん役は由利徹。娘と朝メシを縁台で食べている。で、箸を持ったまま由利さんが立ち上がると、縁台のはしに座る娘がひっくり返るというのがお約束でね。そこから毎回話が展開された。その娘を演じていたのが、『のぐちともこ』……」

『ムー一族』は一九七八年から翌年にかけて水曜日の夜九時に放映された久世演出のホームドラマ。郷ひろみ、渡辺美佐子、樹木希林、伴淳三郎、伊東四朗など個性的な俳優が居並び、横尾忠則のタイトルバックが斬新だった。そんな中で新進女優、のぐちともこは実名で出演していた。

久世と一緒になって、のぐちともこが久世朋子となった。彼女が平凡社の「月刊百科」に連載したエッセイ『テコちゃんの時間　久世光彦との日々』は一冊の本になっている。

十九歳で親ほど年の離れた久世と知り合ってから、秘められた恋の十数年を経て久世の姓を名乗り、息子を含めた家族三人の平穏な暮らしと久世の急死まで。切れが良く、端正なエッセイを一気に読んだ。

あとがきには「連載中、毎回読んでくださった小林亜星さんの励ましは、大きな支えでした」とあった。

久世光彦の弔辞に立った亜星は誓った。

「ぼくの命の続く限り、残されたご家族をお守りします」

夫、久世が急逝した翌年、朋子は銀座に店を構えた。

夫の蔵書を並べた店の名は亡くなる前日、彼に勧められて観た中国映画、『茉莉《モーリー》花開《ホアカイ》』から「茉莉花《ジャスミン》」とした。

御影石のテーブルに七人掛けのカウンターの居抜き物件を借り、グラスを揃えることから始めた。

「開店の案内状はどうしよう」

主婦の朋子に知り合いは多くない。そうだと、夫の葬儀の参列者名簿から名前を拾った。


銀座でバーをと思いついたはいいが、だいたい夫は酒を飲まなかった。美味《おい》しい料理を食べさせてもらったこともない。

「一九六四年の東京オリンピックの開会式で、涙を止めることができなかった。泣けて泣けて仕方がなかった」と夫は言った。先のオリンピックは貧しかった戦後からの復興という意味があった。

「先の見えない十代を経て、ＴＢＳに入り、それなりの場を得た。これから日本も自分も大きくなってゆくのだ、と希望の涙だったのでしょう」と朋子は語る。

陸軍少将だった久世の父は戦後の公職追放でまともな職業に就くことはできなか

った。軍人恩給も廃止、軍刀を捨て、新たな仕事に就くがうまくいかず、疎開先の富山で鍬《くわ》とシャベルを載せたリヤカーを引いた。その父は久世が十四のときに死んでしまう。

「お父さんが警察官だった阿久（悠）さんの家もそう。価値観が逆転したんです。残された息子たちはどう生きていけばいいのか。お洒落とか食べものとか、生活を楽しむ余裕なんてなかった」


何もかも手探りの開店から一週間後、小林亜星がふらりと店を訪ねてきた。東京・渋谷生まれの亜星は、苦労人の久世や阿久とは違う育ちだ。祖父が医師、父が官僚、母は劇団員。優しい気遣いのボンボンだった。慶應義塾普通部から同大学医学部へ進むが、音楽に取り憑かれて経済学部へ転籍。天真爛漫、食と酒を愛し、お洒落が好きな趣味人だった。

カウンターに座るなり、亜星が言った。

「朋ちゃん、どうして事前に相談してくれなかったんだい？」

彼が茉莉花のドアを開けたのは「親友の家族を守る」、その約束を果たすためだった。

久世朋子　「茉莉花」主人②

チャイナドレス

夫は下戸《げこ》だったが、朋子は酒好きだった。

四谷荒木町のマンションで久世を待つ「苗字も変わらず明日が見えない暮らしの中」を彼女はこう記している。

「ベッドに寝転がる私の耳に遠く酔客の声が聞こえてくる。と、私はつと立ち上がって、夜の街へ出る。（略）どこにいたって私は、やっぱり待っているのだ。その自分の気持ちの重さに耐えられなくて、待つことを忘れるために酔う」（『テコちゃんの時間　久世光彦との日々』）

毎日のように通った店は四谷四丁目地下にあったバー「ホワイト」。

「午前もずいぶん回った頃だろうか、階段を下りきったところにある柱のかげから久世が顔を出した。（略）『朋子、もう帰んなさい』と叱るママのみーこさんの声にしぶしぶというポーズをとって、久世に手を引かれながら階段を上る私の足取りはおぼつかず……」（同書）

「みーこさん」と朋子が呼んだ女性は宮崎三枝子。糸井重里や南伸坊らが集ったホワイトのママである。彼女ももうこの世にいない。

漫画家の上村一夫はギターが上手かった。彼のために久世光彦は『螢子《ほたるこ》』という原作を書いた。

朋子は毎週原稿を上村の仕事場へ届けた。午後五時を過ぎると編集者が集まりだす。秘書が手際よく肴をこしらえ、酒宴が始まる。朋子も編集者に交じって楽しく飲んだ。興に乗れば上村はギターを取り出した。淋しさも相まって「お酒っていいな」と思った。

彼女が銀座にバーをと思ったのは、酒の楽しさに惹《ひ》かれたからだけではない。中国の「上海」にきっかけがあった。

「あんな重い鉄の塊が空を飛べるわけがない」

久世は筋金入りの飛行機嫌い。鹿児島のゴルフコンペには在来線を乗り継いで向かい、玉置浩二主演の『みんな夢の中～ある偽ハマクラ伝～』の札幌ロケには夜行で行った。でも朋子はそんな夫に反旗を翻し、三ヵ月に一度、上海に通った。

「二〇〇〇年あたりからですね。家では犬も飼っていたので、二泊三日の短い旅でした」

そこで出会ったのがチャイナドレスと宝飾品の玉《ぎょく》だった。

「久世が死んだ年にも息子と上海に行ったんです。ある店で日本の着物を解いてチャイナドレスを作ってもらったら、それは綺麗《きれい》で……日本でも売れないかなって」

友人に相談すると「お酒も好きで、チャイナドレスを売りたいんだったら、いっそのことバーを開いて、そこで売っちゃえば?」と言う。

「だったら、私の好きな銀座で」と探してみたら絶好の物件があった。試着室と玉を陳列するガラスケースを置き、店の本棚には夫の遺した蔵書を置いた。

チャイナドレスを身に纏《まと》ってのママデビュー。主婦から銀座のママになり、夫の乗らなかった飛行機に乗り、夫が通わなかったバーを開いた。

「こんばんは」

案内状を手に、一人の男がふらりと現れた。小林亜星である。一年ぶりの再会だった。

『ふりむかないで』（エメロンシャンプー）、『ワンサカ娘』（レナウン）、『この木なんの木』（日立グループ）など、亜星は六千ものコマーシャルソングを手がけたが、そのなかに開高健が壽屋（現・サントリーホールディングス）時代に考えたコピー「人間みな兄弟」にメロディーをつけたサントリー・オールドのCMがある。

♪ドンドンディドン・シュビダドン、オデーエェー・オー♪

ギターの音色に乗った渋い男声のスキャット。最後を締めるのは、グラスにウイスキーを注ぐ音と氷がカランと鳴る効果音。六〇年代の高度成長期、「ダルマ」の愛称で親しまれたサントリー・オールドはこのメロディで売上げを大きく伸ばした。

そんな亜星が自分の店のカウンターに座っている。「神様みたいに見えた」と朋子は言う。店の格は客筋で決まる。できたばかりの小さな店だけど、風格という重みを運んでくれたような気がした。なんといっても亜星は銀座の達人。仕事が終われば毎晩のように銀座に出て、酒を飲む紳士だった。

「店にはメニューもありませんでした。お酒にしても、いくらでお出ししたらいいかもわからない。自分のお給料なんて考えもしなくて。帰りのタクシー代があればよかったんです」

朋子のそんな話に亜星は、「僕からはきちんとお金を取ってくれよ」と微笑《ほほえ》んだ。彼は長居はしなかった。「さ、次の店に行かなくちゃ。檀家廻りだよ」

ほどなく亜星が紹介してくれたのが、七十歳のバーテンダーだった。「エスポヮール」と人気を二分した「らどんな」で経験を積んだ兼末敏春に声をかけ、給料を交渉した上で連れてきたのだ。

　プロ中のプロが来て店が回り出す。朋子にもアイディアが次々に浮かんだ。

「懐かしい駄菓子屋を真似て瓶を並べ、そこにナッツや柿ピーを入れてみたり、久世と過ごしたお正月を思い出して、お重に日持ちするお煮しめや、松坂屋の地下で買ってきた米八のお赤飯を詰めて、お腹空いたら自分で取って下さいって。そうやって茉莉花食堂になっていったんです」

　賑やかになってゆく店の風景を眺めながら、亜星は甘いカクテルを満足そうに飲んだ。マリリン・モンローが主演した『お熱いのがお好き』で有名なマンハッタンである。

「赤色の澄んだカクテルに、いつもチェリーを二つ入れて。最初に一つ食べて、飲み終わるともう一つ」

　そしてもう一人、おもむろに店の扉を開けたのが帝国ホテルで社長を務めた犬丸一郎だった。銀座の顔である。

「粋な不良でした。そんな格好いい不良の話を聞きたがる編集者もいて、『今日、いらっしゃるわよ』って電話でこっそり教えてあげたり」

犬丸はオールドパーの炭酸割りを好んで飲んだ。

久世朋子　「茉莉花」主人③

帝国ホテル元社長・犬丸一郎の飲み方

茉莉花は「ほんの七席のバーだったけど、おかげさまで一生分のいろんな方にお会いしました。気のおけない編集者やジャーナリストが夜毎集う、銀座にありながら新宿ゴールデン街のノリでした」と久世朋子は笑う。

「でもね、小林亜星さんや犬丸さんといった大人のお客様もいらっしゃった」

犬丸一郎がやって来るのは二、三週間に一度。決まって夕方五時過ぎに電話が入る。

「犬丸です。これから伺います」

大正十五年、東京麴町に生まれた犬丸は雙葉小学校附属幼稚園から慶應義塾幼稚舎、普通部、予科を経て経済学部へ。ハワイアンバンドを組んだり、自宅そばの剣道場で、同じく学生だった三島由紀夫と稽古をした。大学を卒業した昭和二十四年、敗戦でGHQ管理下にあった帝国ホテルに入社する。清掃係から始まったホテルマン人生だった。

犬丸が茉莉花を訪ねてきたのも小林亜星の縁。亜星が朋子のためにスカウトしてきた「らどんな」の元バーテンダー兼末敏春を慕ってのことだった。

いつも一人でやってきた。

「お支払いは一万円。それでは頂きすぎなのですが、ご自分で決められた。一万円札を、こう、四つに折りたたんでね。早いうちにいらしていて、私をひとりにさせなかった。店が賑やかになるのを見計らい、折りたたんだお札をそっと私の手のひらに置いて、じゃあって」

「サービスの良《よ》し悪《あ》しは、きめの細かさとさりげなさのバランスで決まる」。帝国ホテル仕込の犬丸らしい飲み方だった。

エリザベス女王、ローマ教皇、スカルノ大統領、エリザベス・テーラー、藤原義江、田中絹代、森繁久彌、森光子、新婚旅行で来日したジョー・ディマジオとマリリン・モンロー、カトリーヌ・ドヌーヴにアラン・ドロン……。銀座を訪れ、帝国ホテルに泊まった人たちのとっておきの話をしてくれた。

昭和二十六年、サンフランシスコ市立大学に留学中の犬丸は、講和条約会議に参加する日本全権団の通訳をした。そこに顧問として時の宰相吉田茂に随行してきたのが白洲次郎、二回り年上だった。

「犬丸？　ああ、お前は帝国ホテルの犬丸徹三の息子なのか」とニヤリ。そこから二人の交流が始まる。

白洲は名門軽井沢ゴルフ倶楽部の理事長を務めていたが、「お前、入れてやろうか？」と誘われ、会員になった。

「マナーの悪い人間は、相手が誰だろうと絶対に容赦しなかった。あるとき、（田中）角栄さんがクラブハウスの洗面所にかかっていた持ち出し禁止のタオルを勝手に拝借したことがあるんだ。角栄さんは汗っかきだから、つい持ち出しちゃったんでしょう。でも、白洲さんはそれを見逃さなかった。『おい、角栄、お前は《持ち出し禁止》の文字が読めないのかっ！』って角栄さんを怒鳴りつけた。角栄さんもギョッとしたらしいけど、あの人もなかなかの人物だから、すぐに白洲さんに駆け寄って『申しわけありませんでした』と頭を下げたそうです。その率直さを白洲さんは気に入って、以来、角栄さんをかわいがっていた」（犬丸一郎『軽井沢伝説』）

白洲との話は尽きなかった。朋子は振り返る。

「ワイシャツひとつとっても、肌に直接触れるものだから、いいものを着ないとなって。ほら、僕は下着、着ていないだろって」

犬丸のシャツはローマの老舗で誂《あつら》えたものだった。仮縫いでは客をソファに座らせ、腹が一番出っ張ったところからボタンをつけてゆく。仕上がったシャツはどんな姿勢でも苦しくならないし、いいものは何年も持つ。ボタンの穴が三つなのは手縫いの証だった。

ヨーロッパ旅行をすれば、ロンドンのサヴィルロウで白洲次郎を真似て、表が黒で裏地が臙脂《えんじ》のコートを作り、パリでは幼馴染の翻訳家・朝吹登水子と、ローマではアーニー・パイル劇場（現・東京宝塚劇場）支配人秘書だった岩元梶子とデートした。岩元梶子は後に川添浩史と結婚、飯倉でイタリアンレストラン（店名を犬丸の著書通りに書くなら）「キィアンティ」を開く。

正月になれば「明けましておめでとう」と、茉莉花にやってきて朱色の祝儀袋に包んだお年玉をくれた。そんな犬丸を想い、朋子もローマを訪れたことがある。

「犬丸さんが常宿にしていたハスラーというホテルでワインを飲んでいたら、『ミスター・イヌマルの娘か？』と、昔、帝国ホテルで働いていたという支配人が奥から見えて。私は娘じゃないって言っているのに」

朋子は夫、久世光彦の七回忌を機に店を閉めた。

「全部で五年と半年。半年はお客様に辞めるなーって言われたぶんのおまけ。お客様と仲良くなり過ぎてお金を頂くのが辛くなって。それに、私はどこまでも主婦の感覚なんです。銀座値段というものにも馴染めなかった」

茉莉花ではいつも音楽をかけた。

『港が見える丘』『時の過ぎゆくままに』『バイヤ・コン・ディオス』『蘇州夜曲』『海ゆかば』……店で流す曲は、夫の著書『マイ・ラスト・ソング』から選んだ。

人生最後に聴きたい曲はなに？　そんな久世光彦の問いに小林亜星はこう答えている。

「『アラビヤの唄』かな、と独り言みたいに呟いた。はじめて覚えた流行歌で、それから今日まで、何かにつけて一人で歌い続けているそうである」（久世光彦『ベスト・オブ・マイ・ラスト・ソング』）

亜星が小学校に上がる前、父と行ったカフェでその曲を知った。

「そこできれいな女の人が注いでくれたシャンペン・グラスのオレンジ・スカッシ

ュが一生を決めたという。赤い灯、青い灯と白粉《おしろい》の匂い、そして行くたびに手巻きの蓄音機から流れていた『アラビヤの唄』、これが人生だと思ったというから恐ろしい五歳の童子ではあるが、なるほどとも思う。（略）どっちが先かは判らないが、亜星危うしの報せを聞いたら、『アラビヤの唄』を持って駆けつけよう」（同書）

インタビューが終わり、私が朋子の著書『テコちゃんの時間　久世光彦との日々』の端正な文体に舌を巻いたと話すと、「私もあなたの著作を読んでいましたよ」と言われた。拙著『愛国とノーサイド　松任谷家と頭山家』のことだった。

「その中で好きな言葉に出合いました。『ひとりでいても寂しくない人間になれ』――」

朋子は、思想家頭山満の言葉をゆっくりと声にした。

彼女の微笑《ほほえ》みには、夫、久世光彦、彼の親友、小林亜星、茉莉花の常連だった犬丸一郎が遺していった語らいと、人生のラストソングの数々が寄り添っているかのように思えた。

北島義俊　大日本印刷前会長①

「活きた字」が生み出す文化

大日本印刷株式会社は、一八七六（明治九）年、数寄屋河岸御門外、弥左衛門町十三番地（現在の銀座四丁目）に秀英舎として創業された。秀英舎本店の看板を揮毫《きごう》したのは勝海舟である。「英国より秀《ひい》でよ」。当時の先進国、イギリスに負けない気概に共鳴してのことだった。

現在、社屋を構えるのは広大な「市谷の杜」。防衛省を見下ろす役員応接室で北島義俊会長と会った。昭和八年生まれで取材時は八十八歳だった。

濃紺のスーツに身を包み、白いワイシャツに水玉のネクタイを結んだ北島の柔らかい声を耳にすると、在《あ》りし日の銀座界隈、快活な昭和の足音が聞こえてくる気がした。

活字好きな読者なら「北島」という姓にピンと来た方もいるだろう。

昭和の時代、誰もが「活字中毒」だった。サラリーマンは早朝、自宅ポストにポトリと落とされた新聞を小脇に電車に乗り、帰宅時には週刊誌や文庫本のページを開き、芥川賞と直木賞が発表されるや受賞作が載った「文藝春秋」「オール讀物」を書店で手に取り、居間や書斎には文学全集が並んでいた。

池波正太郎、山崎豊子、江藤淳、村上春樹など、多くの作家や批評家を担当してきた旧知の編集者Tさんが、真新しく刷り上がったばかりの雑誌の奥付を見せてくれた。そこには「印刷者　北島義斉」とある。義斉は義俊の長男、大日本印刷の現社長である。

「編集者は、『北島』という名字にとてもなじみがあるんです。そして『秀英明朝体』にも。僕の世代は二十数年にわたって『北島義俊』という名前を奥付で見続けてきました。でも、北島さんがどんな方なのかは存じ上げない……」

大日本印刷が研鑽《けんさん》してきた秀英明朝体には静謐《せいひつ》で落ち着いた味わいがある。「印刷者　北島義斉」という文字からは、活字文化を担ってきた矜持がまっすぐな一本の木が気高く立つように感じられた。

義俊に奥付のことを話すと、「私も子供の頃から、いろんな本に印刷された親父（北島織衛《おりえ》）の名前を見て育ちましてね」と表情を和らげ、「それが自分の名前になったときには、経営者としての自覚を新たにしました」。

本社に隣接した「市谷の杜 本と活字館」のパンフレットにはこう記されている。

「市谷の地に印刷工場が造られたのは一八八六（明治十九）年。当時は秀英舎という名称で、主に書籍や雑誌の印刷を生業としていました。大日本印刷になるのは、秀英舎と日清印刷が合併した一九三五（昭和十）年のことです」

一九二六（大正十五）年に竣工、それを修復、復元した建物の正面には「大日本印刷株式會社」という標識が掲げられ、大きな時計はいまも時を刻む。現在は多岐にわたる製品・サービスを世に提供する総合企業に成長したが、原点はあくまで出版印刷にあるとの意志を示しているのだろう。

義俊の案内で活版印刷の仕事を初めて見た。

文字の原図を描く。活字の母型を彫る。活字を鋳造、版を組み印刷・製本する、という一連の作業である。

「活字を収めた棚は『ウマ』というんですよ」と北島。「ほら、乗馬のときの鞍があるでしょ。形がそれに似ているから」

それらのウマがずらりと並んだ印刷所で職人が活字を拾い、印刷機を回した。コンピューター化されたいまではなかなか見ることのできない風景だ。

「アルファベットと違って、日本語の活字はひと揃えで三千種類はある。そこから字を拾うんです。職人はすごい技術を持っていた。ウマを眺め、字の在《あ》り処《か》をね、すっと探るんだ。目にも留まらぬ早業です。心の中に地図があるかと思うほど」

アメリカではコンピューター組版が進んでいたが、日本では手で拾ったほうが早く、間違いがないとされた。

「熟練の渡り職人たちです。いまでいうフリーランスかな。稼ぎもよく、腕に自信があり、誇りも高い。そういう職人たちに印刷は支えられていた」

千人近くの職人が昼夜を問わず働いた。小僧時代から修業を積み、一人前になれば二、三秒で文字を拾うようになる。人がデザインし、作った文字を職人が拾い、印刷された字の一つ一つを読者は読んできた。

印刷機に組み込まれた活字の高さに不揃いがあれば、薄い紙などを胴に貼り重ねて適当な印圧で印刷できるように調整する。印刷が終わればインキを落として組んだ版をバラし、次の仕事に備えた。

大日本印刷が手がけた本や雑誌には、夏目漱石が『吾輩は猫である』を発表した「ホトトギス」（一九〇五年）、日本初の百万超えとなった「キング」（創刊号 一九二五年）、一九五五年初版の「広辞苑」など、時代を象徴するものが多いが、そんな本の一つに小冊子タイプの指南書『日米会話手帳』がある。誠文堂新光社の社長が終戦の玉音放送を聴いて発案し、三ヵ月で三六〇万部を売り上げた。思想統制の戦争が終わり、国民は自由な世界を渇望していた。

「(戦勝国の)アメリカに憧れた時代でした。『リーダーズ・ダイジェスト』なんかは人気があってね。高校生の頃、私も読みました。

敗戦で物資が欠乏し、肝心の紙がなくて大変でしたが、戦後文化は活字が担っていました。映像は受け身だけど、活字の世界は読者が能動的に入っていける。映像より心に残るんです」

それがまさに「活きた字」、活字だと北島は言う。大御所作家たちが連載した週刊誌が売れた。

「しかし、出版社は発行したくとも、印刷工場を持っていませんでした。そこで二十四時間稼働できる工場を造り、こちらで対応したわけです」

「週刊朝日」など新聞社系週刊誌が全盛の中、新潮社社長佐藤亮一の懐刀だった編集者齋藤十一が主導し、生まれたのが「週刊新潮」だった。コンセプトは「どんなに聖人ぶっていても、人間は一枚めくればカネと女」という徹底した俗物主義。

週刊新潮の創刊は一九五六（昭和三十一）年二月。その印刷者として、先代北島織衛の名が記されている。

新潮社と大日本印刷は元々縁があった。新潮社を興した佐藤義亮は秋田から上京し、大日本印刷の職工として働き口を見つけた。ノンフィクション作家森功は、新潮社創業家の一人、佐藤陽太郎にインタビューし、以下の言葉を引き出している。

「義亮お祖父ちゃんは一人きりになって途方に暮れ、今の大日本印刷に拾われたそうです。（略）仕事の合間、暇を見つけては本屋に寄って立ち読みしていたらしい。（略）それが大日本印刷の幹部の目に留まってインキの樽洗いから抜け出せた。校正係になり、食えるようになった。恩があるから、新潮社は大日本を大事にし、今も昔もずっと取引しているんです」（『鬼才　伝説の編集人　齋藤十一』幻冬舎）

北島義俊が大日本印刷に入社したのは「週刊新潮」創刊の七年後。

「慶應を卒業して銀行員になり、五年後に大日本印刷に入りました。一九六三年の五月のことです」

アジアで初めてのオリンピック、東京五輪の前年だった。

「昭和三十年代がそのまま自分の青春時代に重なったのです」

北島義俊　大日本印刷前会長②

銀座で接待の日々

昭和三十年代、雑誌文化は隆盛を極めた。その頃、北島義俊は慶應義塾大学経済学部を卒業して富士銀行（現みずほ銀行）に就職する。

丸の内支店のバンカーとして、そろばんをパチパチはじいて四年目の春、「そろそろ、どうだ」と大日本印刷社長であった父、北島織衛に促され、昭和三十八年（一九六三）、同社の営業マンとしてサラリーマン人生の二回目のスタートを切る。

自由民主党政権は岸信介から池田勇人首相へ。

愛煙家で酒もいける。酔えば「花も嵐も踏み越えて」と、映画『愛染かつら』の主題歌を口ずさむ、苦労人で人情派の池田は、「さあ、国民みんなで豊かになろう」と所得倍増計画をぶち上げ、日本は高度経済成長に邁進《まいしん》していた。

アジアで初めての東京オリンピックは入社翌年。海の向こうのアメリカで坂本九の『上を向いて歩こう』がビルボードチャート一位になったその夏は猛烈な暑さだった。

義俊と同年代の作家、小林信彦にこんな文章がある。

「外の世界は東京オリンピックのために忙しく動いていた。オリンピックの工事や渇水などのために、水道が時間給水になり、水を売る人間がきたのもこのころである。

ふた付きのバケツの水一杯が百円したと思う。我が家は赤ん坊がいたので、粉ミルク用の水は給水時間に湯沸かしにとっておき、親子の入浴のために風呂の水をためて沸かせるようにしておいた」(朝日新聞 二〇一四年五月三日付)

義俊に長男の義斉が生まれたのは、五輪開催の一九六四年。北島家も小林信彦の家庭と同じような日々だったことは想像に難くない。

「『週刊新潮』に『平凡パンチ』。週刊誌が続々と創刊され、こちらの事業も拡大しました。書籍に比べて雑誌は効率的だった。その代わり、とんでもなくせわしかった。経済はどこまでも右肩上がりでしたから」と義俊は回想する。

朝日新聞、読売新聞といった全国紙、文藝春秋や平凡出版（現マガジンハウス）などの出版社、電通をはじめとする大小の広告代理店が軒を連ねる銀座は活字メディアの中心地でもあった。

いま有楽町マリオンの建つ場所には朝日新聞の社屋があり、一階のガラス越しには紙面を刷る大きな輪転機が見えた。

「うちの銀座ビルの二、三軒置いたところに、よし田があってね。昼によく行きました。小太りのおばさんが蕎麦を運んでいた。資生堂の福原義春さんもいたなぁ。

こっちは若造だから隅に座り、なにしろ忙しいからざる蕎麦を啜《すす》って、ごちそうさま。のんびりはしていられない。よし田の向かいに芸者さんの見番と稽古場がありました。粋でしたね。あと、三ツ輪という牛肉店もすぐそばで、そこの牛肉はお遣《つか》いものにうってつけだった。いやいや、あそこは高くてとても自分では買えませんでした」

外回りの汗をハンカチで拭《ぬぐ》い、ワイシャツの袖をまくって、夜な夜な接待の日々。がむしゃらに働いた。

「柳橋や新橋、赤坂、神楽坂などの料亭で接待し、もう一杯ってお客さんが言い出して、銀座に流れるわけです。川辺るみ子さんがママだったエスポヮールは銀座営業所の隣だったし、花田美奈子さんのラ・モールにも近かった。ラ・モールってフランス語で〝死んだねずみ〟っていう意味なんだね。しかし、私は酒が飲めない口で、お付き合いするだけでした。『あっち（ライバル誌）なんかほっといて、うちの雑誌をまず印刷してくれ』とか、クライアントの注文は理不尽この上ない。それでも無理難題を吹っ掛けられるのが営業マンの役割です。『俺の酒が飲めんのか！』なんて、酔った得意先に文句を言われたりもしました。新年のご挨拶に行くでしょ。そこで盃がまわってきて、今年もよろしく、さあ一杯となったら、いくら下戸《げこ》でも、これはもう逃げられない」

叱られるのも営業の大事な仕事だったと語る義俊だが、「それにしても、『暮しの手帖』の花森安治さんは厳しかった」と振り返る。

花森が編集長を務めた雑誌「暮しの手帖」の編集部も銀座にあった。

東大美学美術史学科を出て、戦時中は大政翼賛会の宣伝部で軍部にかかわった花森。それを悔いて、「もう二度と戦争を起こさないために『暮らし』を大切にしたい」との思いから広告を一切取らず、商品を独自にテストした結果を毎号公表する企画で読者の信頼を得た。

彼が指揮した「暮しの手帖」は「安かろう、悪かろう」といわれた日本の家電の品質改善や環境問題まで提起する雑誌となった。戦後活字文化の面目躍如である。

花森は主婦の日常生活を体感するために髪型をおかっぱにしてスカートまで穿《は》いた。そんな姿でタバコを吸う花森と義俊は付き合った。

「花森さんの求めるクオリティーは高かった。刷り上がった校正刷りを見て、『こんな色味じゃとてもだめだ』と突っ返されてね。取り付く島もない。突っ返されたこちらも頭を下げながら、一生懸命なんとかして花森さんが求めるレベルを追求したものです」

日々の生活のクオリティーが上がることこそが幸福をもたらすと花森は信じていた。そこに出版人としての揺るぎない信念とプライドがあった。

「女性編集長も容赦なかったなあ」と義俊は苦笑する。「『暮しの手帖』を花森さんから引き継いだ、大橋鎭子《しずこ》さんも深川生まれの江戸っ子で、『こんなんじゃダメよ！』って、ズバズバと言う。でもそれが出版愛というものなんですね」

花森と二人三脚で「暮しの手帖」を育てた大橋は、ＮＨＫ朝の連続テレビ小説『とと姉ちゃん』のモデルにもなった。

編集部に出向いて頭を下げる。無理な納期を強要されたうえに突っ返されたらたまらないと思いつつの謝罪行脚。これは専務取締役になっても続いた。

「現場の営業にしても、最後は私を連れて行ったほうが楽ですから。よく謝りに行かされました」

営業の連中はすぐ逃げるんですよとこぼす義俊の表情には、若い社員を息子や娘のように気遣う慈愛が感じられた。彼の心には、会社は家族というイメージがあるのかもしれない。

義俊は、幼い頃に父と歩いた銀座界隈の話を始めた。

北島義俊　大日本印刷前会長③

父とひやかした銀座の露店

義俊の父、北島織衛《おりえ》について触れておこう。

一九〇五（明治三十八）年、文京区小石川に生まれた織衛は東京帝大法科を出ると、秀英舎に入る。一九五五（昭和三十）年に社長に就任し、大日本印刷を世界最大の印刷会社に育て上げた。二十四時間稼働する印刷工場を作り、印刷の手立てのなかった新潮社を支援して「週刊新潮」の創刊に関わり、戦後週刊誌ブームの発端を担った。

長男の義俊が語る。

「父の着眼は鋭かった。昭和二十年代にアメリカに渡って、これからはパッケージ（包装）だぞと社員に言っていました。書籍だけじゃなく、製品のパッケージが伸びるに違いないと。現地でスーパーマーケットを見たんですね。日本ではまだまだ店先での量り売りが主だった。でも、アメリカのスーパーマーケットにはずらりと商品が並んでいた。色とりどりの綺麗《きれい》な包装紙に包まれてね」

織衛は帰国するなり、多角化に乗り出す。

「菓子の紙箱や、インスタントラーメンの袋などパッケージに手を着けました。あとは精密電子部品ですね。カラーテレビのブラウン管に使うシャドウマスク。紙以外の多角化を始めたんです」

攻めの経営姿勢で陣頭指揮を執り、中興の祖とも言われた父を義俊はどう見ていたのだろう。

「膝を突き合わせて話し合うことはなかったなぁ。ああだ、こうだとまともには言われなかった。だいたい、父と息子ってそんなもんじゃないですかね。言葉を交わすというのではなく、父の背中を見て過ごす日々でした。父も私も酒は飲まないから、バーに一緒に行った記憶はありません。いまは息子の義斉が社長ですが、私も口を出すことはありませんね」

父を継いだ義俊は多角化をさらに進めていった。

印刷で培《つちか》った技術を生かし、半導体や液晶のほか各種ディスプレー関連製品の開発などで売り上げを四倍にまで拡大する。

社会人になってから父と語り合うことはなかったが、幼少の頃には、しばしば銀座に連れて行かれた。

「戦前のことです。資生堂パーラーのチキンライスは美味《うま》かった。資生堂パーラーはアール・デコ調の建物で、品もあり落ち着いていてよかった。

谷中の自宅を出て、銀座で買いものをするでしょ。カメラなんてみんな持っていないから、街頭写真屋が待っているんだ。

銀座の通りは露店ばかりで、ありとあらゆるものを売っていた。道いっぱいに露店が並んで、夜になるとライトに照らされて。数寄屋橋から眺めると、川面にネオンがゆらゆら浮かんでね。子ども心に露店は楽しかった。そうそう、川の上にSHOWBOATというキャバレーがあってね。『暮しの手帖』の編集部はその近くでした」

そんな風景がついこの間という気がする、と義俊は言う。

書籍や雑誌の印刷工場のある市谷は出版文化の拠点だった。

「出張校正所があるんですが、朝出社すると、編集者が夜食に食べた丼がずらりと並んでいて壮観でした。みなさん、頑張っていた。そうそう、作家の五味康祐さんもよく籠《こも》っていらしたな。〆切ぎりぎりになってね。『できた！』って、ほやほやの原稿をいただいたんですが、それが白紙で……。真っ白の原稿を置いて逃げられたので、急いで追いかけたこともありました」

ヘリコプターや救急車、警察の車両が騒がしいと思ったら、三島由紀夫事件だった。

一九七〇（昭和四十五）年十一月二十五日、大日本印刷の工場のすぐ隣にある自衛隊市ヶ谷駐屯地に乗り込んでの自決である。

「出張校正所に新聞社の記者たちが詰めて、次々に原稿を書いて送っていました。三島さんの割腹は大阪万博が終わったあとで、『これで時代が変わる』と思ったことを覚えています」

高度経済成長があり、バブルの狂乱物価があり、「もう銀座に行くことは少なくなった」と義俊は言う。

「雰囲気が変わってしまってね。でも、七丁目にある銀座のビルは残した。バブルで地価が高騰する直前、右側に隣接していた土地を購入することができ、九一年にDNP銀座ビルとして拡張し、竣工しました」

現在、そのDNP銀座ビルの一階と地階にあるのがDNP文化振興財団が運営する、グラフィックデザイン作品やグラフィック・アートを展示するアートギャラリー「ggg　ギンザ・グラフィック・ギャラリー」だ。

北島義俊の半生に触れた午後、銀座七丁目のｇｇｇに足を運ぶと、アートディレクター葛西薫の個展が開かれていた。

本の装丁も多く手がけた名デザイナーの個展タイトルに「ＮＯＳＴＡＬＧＩＡ」の文字があった。ノスタルジアとは「郷愁」「望郷」の意。義俊が青春時代を過ごした銀座には優しい風が吹いていた。

交詢社で覚えたテーブルマナー

福澤武 三菱地所名誉顧問①

銀座六丁目の交詢社は、福澤諭吉の主唱により創《つく》られた、日本初の社交機関である。

「知識ヲ『交』換シ世務ヲ諮《し》『詢《じゅん》』スル」という諭吉の言葉に由来する交詢社は、一八八〇（明治十三）年の設立。二〇〇四（平成十六）年には、第三代社屋となる交詢ビルディングが竣工した。正面エントランス部分には旧外観が残され、明治、大正、昭和、平成と歴史を刻印した「交詢社」の伝統を感じることができる。

三菱地所株式会社名誉顧問の福澤武は慶應義塾出身で、諭吉のひ孫にあたる。

私は交詢社のドレスコードにのっとりジャケットにタイで身を引き締め、社内の回廊を幾度も曲がり、応接室の重々しい扉をノックした。

「やあ、はじめまして」

何とも柔らかな声、茶目っ気ある笑顔が待っていた。

銀髪に紺のスーツ。傍らに置かれた黒檀らしきステッキの握りはシルバーで、部屋の照明を受け、これも柔らかに輝いていた。

「ヨーロッパには社交クラブがあって、天下国家を論じていた。それに倣《なら》って諭吉が交詢社を創ったんです。雑誌を作ったり、憲法草案を発表もしてね」

NHK大河ドラマ『青天を衝け』は日本の資本主義の父と呼ばれる渋沢栄一の生涯を描いた。明治維新以降の日本は実業界の人間が礎《いしずえ》を担ってきたが、そこに「リベラル」の精神を植え付けたのが諭吉だった。

明治十四年の政変後、大隈重信が諭吉に政界入りを勧めている。それが諭吉の人生の岐路になった。政治家として理想の世界を目指すのか、在野の言論人として国民を啓発し、国の理想を訴え続けるのか。自由民権運動の最中に、諭吉は後者を選んだ。

「慶應には自由な連中が多かった。だから官僚的な価値観に反発したんです」

社交とは人が集まること。そこで議論し、生まれるものこそ大切と考えた諭吉が残した言葉が「門閥は親の仇《かたき》」。江戸期の封建制には家柄とそれに伴う世襲があり、下級武士出身の彼にはどんなに努力しても未来を阻む門閥こそ憎むべきとの思いがあった。

個人が学問を修め独立する。誰にも媚《こ》びず、話を尽くし、正しいと思う道を進む。それが諭吉の唱えた『独立自尊』である。

福澤武が生まれたのは一九三二（昭和七）年九月四日、満州国建国の年だった。父は時太郎。名前にある「時」は諭吉が創刊し、次男の捨次郎が社長を務めた「時事新報」からとった。

捨次郎の長男だった時太郎は慶應の理財科（経済学部）を出て、銀行員になる。五つ上の兄、二つ下の妹との五人家族はＪＲ渋谷駅の南口あたりに住んだ。

女中や書生と暮らす賑やかな家庭だった。優しい父で、庭に飛んでくる小鳥に名前をつけて観察していた。武が四歳になると、一家は下目黒に引っ越す。

「銀座界隈の思い出？　うーん」と武は頰に手をやり、ちょっと間を置いて、「母は三越が好きだった。日本橋のね。そこで買い物をする。本店の上階に特別食堂があって、その常連だった。落ち着いていて、髙島屋より雰囲気がよかったな。兄は天ぷらをもじった〝金ぷら定食〟、ぼくはハンバーグを食べた。もう八十年以上前。いつの間に年をとったんだろう。誰の断りもなしに」と笑う。

自宅そばの元競馬場前からバスに乗り、目黒駅まで十五分ほど。そこで乗り換え銀座まで。万事おっとりした父に比べ、福澤家に嫁いできた母は厳しかった。

「お坊ちゃんと言われて育てられると、なにくそっていう気持ちがなくなる。人間はなにくそっていうのがないとダメになりますよ」というのが口癖で、学校の成績が悪いと「気のゆるみです！」と叱られた。

しかし休日は別。子どもたちをつれて都心に繰り出した。

「バスの一番後ろに座って、外を眺めて楽しんでいました。子どもって、なぜか外の景色を見るのが好きなんだ。木炭バスで、（下目黒の）行人坂《ぎょうにんざか》なんか歩いたほうが速い（笑）。炭を焚《た》く釜は後ろにあって冬は暖かくてね。車掌さんは大変そうだった。吹きさらしだったからオーバーを着込んで」

曽祖父の創った交詢社には年に一度、福澤家の親戚一同が集った。

親睦会の名は「錦会《にしきかい》」。諭吉の妻の名、錦《きん》にちなんだものだ。マジックショーで手品を楽しみ、最上階の室内ゴルフ練習場で遊んだ。

「四歳になったとき、交詢社で初めてナイフとフォークで食事をしました。おふくろから教えてもらって」

水の入った銀の器が出てくると、「これは指を洗うものよ」と教えられた。

昼食が終わるとラジオに熱狂した。神宮球場で行われた六大学野球春季リーグ戦の実況中継で、最終日の慶早戦だ。

兄に続いて幼稚舎を受験。

「ひいおじいさまがお創りになった学校よ」と母に言われるまで幼稚舎の存在を知らなかった。諭吉は絵本で読む偉人伝中の、遠い人物だった。

当時の幼稚舎は男子校で、一学年三クラス。K組、O組、B組のクラス名は「ケイオーボーイ」の頭文字だ。福澤はB組になった。六年間同じクラスで、担任変わらなかった。

幼稚舎に入る前に祖父が社長を務めた時事新報が倒産し、夏を過ごした葉山の別荘を手離した。日中戦争で父は召集され戦地に。戦局の拡大と悪化に伴い、幸福だった日々に暗雲が垂れ込める。担任の先生も兵隊にとられていった。

一九四三（昭和十八）年秋、福澤は「最後の慶早戦」を早稲田大学戸塚球場へ観に行っている。

東條英機内閣は学徒出陣を決めていた。

ゲームが終わると慶應が『都の西北』、早稲田が『若き血』を歌った。最後に『海行かば』の大合唱がスタジアムに響き渡った。

翌年、十一歳になった福澤少年に感染症が襲いかかる。「亡国病」といわれた結核だった。

福澤武　三菱地所名誉顧問②

結核療養所にて

東京下目黒から天現寺まで、「市電」を乗り継いで慶應幼稚舎に通っていた福澤少年だが、結核と診断され、自宅で休むことが多くなった。

空襲が激しくなり、警報が鳴っても起きることができず、防空壕にたどり着けないこともしばしばだった。

これでは危ないと、父と兄を残し、母と祖母、妹の四人で福島へ疎開することになった。

一九四四（昭和十九）年師走、夜明け前に自宅を出て、上野から常磐線で平《たいら》

（現・いわき）へ、さらに磐越東線の神俣《かんまた》へ向かった。

駅からは牛車である。田村郡滝根町田木山。世話になるのは米とタバコで生計を立てている専業農家で、時事新報社長だった祖父、捨次郎が雇っていた車夫からの紹介だった。

阿武隈山地の奥で雪に包まれ、夜が明けるとあたり一面銀世界だった。とにかく寒い。雨戸を開けるとガラス戸はなく障子一枚。ブルブル震えた。食事はかぼちゃの皮が浮かぶ椀の底に麦が入ったもの。年が明けると肺炎に肋膜炎まで併発し、国民学校に編入したものの授業は受けられなかった。

寒さの緩む三月になると、幼稚舎のクラスメートは集団疎開先から東京に向かったと聞いた。卒業式だ。しかし、東京駅に迎えにくるはずの親が姿を見せない友人もいたという。三月十日の東京大空襲で亡くなっていたのだ。

八月十五日正午に重大な放送があるというので、ラジオの前に座った。

雑音まじりの中で、はっきり聴きとれたのが「しかし乍《なが》ら帝國は米英支ソ四国に対し和を求めたのであります」という言葉。アナウンサーの悲痛な声に、日本は負けたのだと認識した。

東京の自宅は五月二十五日の空襲で被災し、残ったのは瓦屋根の門だけ。皿が割れ柱は木炭のようになり、あとは何もかもなくなっていた。

一家はまず叔父の家に移った。しかし他の親戚も身を寄せていたため、居場所を求めて葉山に向かう。借家は鋼材工場の寮で、工員の雑魚寝部屋だった。かつて葉山に所有していた別荘は人手に渡っていた。

父は銀行に復帰し、兄は大学、妹は女学校へ進学した。

昼は母と二人きり。結核菌は肺門リンパ腺から肋膜、さらに肺へと身体《からだ》を蝕《むしば》んでいた。「学校なんてとんでもない！」と慶應病院の医師が言った。

ラジオが友達になった。

野球中継を聴きながら、親戚みんなで交詢社に集まって慶早戦を応援したことを思い出した。

でも、いまの自分は慶應生ではない。中学にも行けず、小卒のままだった。結核菌は容赦なかった。とうとう神奈川県秦野にあった結核専門の国立療養所に運ばれた。「もう助からないかもしれない」と医者が言った。十六歳の春だった。寝たきりで食事にも苦労し、母はつきっきりで看病してくれた。

年上の患者が見舞いがてら、ときおり病室にやってきた。サラリーマン風のその患者は一言、「親に迷惑だなんて、気にするな。治ることだけを考えなさい。福澤くん、いいか、神経を太く。エゴイストになるんだ」。

エゴイスト……。独特の表現で励ましてくれた男性も三田出身だった。その言葉は諭吉の唱えた「独立自尊」にもつながった。それまでひとりで病気と闘っていた。年上ばかりだが仲間ができた。同じ病気を抱える人達といると連帯感が嬉しかった。

やがてストレプトマイシンという抗生物質が日本にも普及しはじめた。療養所にあてがわれたのはたった二人分。

「死にそうになった人に試してみようって、僕に処方されました。それで死を免れた。一命をとりとめたんです」

四十日間、毎日一本ずつの注射。半月で食欲が出て、三食すべてをたいらげるまでになった。レントゲンを撮ると薬が効いていることがわかった。びっくりした。

本を読めるまでに回復し、ベッドに書見台を吊《つ》るして読んだ。

諭吉の『福翁自伝』は傑作だった。それまで雲の上の人物だと思っていた曽祖父は、どこにでもいる好奇心旺盛な若者だった。

いたずら好きでのんべえ。アメリカに行った際、可愛い白人の少女とちゃっかり写真を撮っているのは慶應ボーイの面目躍如か。軽妙な文章とユーモアににんまりした。

一九五五（昭和三十）年春。ようやく散歩が許された。

山の新緑が初々しく、若葉が綺麗《きれい》だった。半年後に退院の許可が下りる。

入院して六年半、秦野の山を下りた彼は二十三歳になっていた。さあ、大学だ。

まず大学入学資格検定（大検）をとらなければならない。古本屋で買った参考書で勉強して一発合格、そのまま慶應義塾大学を受験し、見事法学部政治学科に。

しかし、福澤家は火の車だった。銀行員を辞めた父は小さな問屋で働き、母は保険の外交、兄は就職して家を出て、妹は洋服の仕立てで家計を助けていた。それでも「入学金と初年度の授業料はなんとかする」と父が言った。

大学では年下の先輩達から「福澤さん」と呼ばれて照れくさかったが、サークル活動でダンスパーティーや野球大会の幹事をした。家庭教師のアルバイトにも精を出し、自分で授業料を払った。勉強も手を抜かず、成績表を見た父は喜んでいた。

仲間と過ごした学生生活もあっという間に最終学年になり、就職の秋になった。

しかし、学生部の就職案内を見て愕然《がくぜん》とする。

多くの企業が「結核既往症者は不可」、年齢制限も。どこもせいぜい三浪まで。福澤は六浪だった。

「ほうぼうの会社を訪ね歩いたんだけど、まったくといっていいほど受けられるところがなかったんだ」

そんななか、知り合いの薦めで三菱地所を訪ねた。「僕は結核をやっています。入社試験は受けられるのでしょうか」といきなり訊《き》いた。

「治っているならいいですよ。受けますか？」

「あのう、年齢制限はありますか」と続けると、窓口の担当者は怪訝《けげん》な顔で「うちはないです」と、あっさり。

試験は面接のみ。夕方四時過ぎに電話があった。「内定です」

「結核にかかる人間は賢いという迷信があったらしい。もしかしたら、頭がいいと思われたのかな（笑）」

中学・高校にも通えず、卒業もしていない身だ。それでも、これでようやく人並みに働いて生きていける。

「だから、このときが人生で一番嬉しかった」

福澤武　三菱地所名誉顧問③

「SHINISE」の流儀

一九六一年四月一日。福澤武は二十八歳で三菱地所に入社し、晴れて社会人になった。

東洋の奇跡といわれた高度成長期、福澤もその隊列に加わったのだ。

「丸の内の赤レンガ街を近代化するために新人を初めて公募し、僕らはその第一期になったわけだ」と福澤は自らのスタートを振りかえる。

「人事はやりにくかったんじゃないかな。やっぱり年嵩《としかさ》は教育しにくい。その証拠に、じきに年齢制限を設けた（笑）」

戦後の復興とともに、オフィスビルの需要も急増。丸の内総合開発計画がスタートした。

「赤レンガ街を片っ端から建て直していったんです。そして（三井不動産の）霞が関ビルがさきがけとなって、超高層の時代になる。ダイナミックで面白かった」

三菱地所の所有する丸の内のビルには入居リストに何百社も名を連ねていた。しかし、時代にそぐわない「地所の非常識」があった。「一業種一店」の原則だ。これではテナント同士の競い合いがなく、工夫も生まれない。福澤は営業部長になるなり、この原則を改めた。

社長時代には、アメリカ、ロックフェラー・グループの再建に奔走した。

何事にも動じなかったのは、結核療養所での忍耐と、慶應ＯＢだった先輩患者の言葉「エゴイストになれ」があったから。不必要な慣習はどんどん壊せと社員に伝えた。

〝パブリック〟〝フェア〟〝グローバル〟。この行動指針を社内のあらゆるところに掲げた。

丸の内は休日になると閑古鳥が鳴く街だった。若い社員の意見を取り入れて、地下、一、二階を商店街とし、国内外の有名店に入ってもらったが、「それでもなかなかうまくいかなかった」と福澤は回想する。

「丸の内でじっくり見て、馴染みの銀座で安いものを探す。消費者は賢いからね。まだまだ丸の内は敷居が高かった。門番がいるわけでもないんだけどなぁ」

有楽町、東京国際フォーラムの音楽祭「ラ・フォル・ジュルネ」の実行委員長も務めた。結核療養中にモーツァルトに癒された思いから、音楽を街づくりに生かそうと思った。

魅力的な街に人は集まる。そのために街は変わり続けなければならない。守るべきものは守り、変えるべきは変え、次世代に引き継いでいく。

三菱地所での仕事に一区切りつけると経営を後進に譲り、二〇〇九年には「一般社団法人 Spirit of SHINISE協会」を立ち上げた。

時代に合わせ、新陳代謝をくり返し、残ってきたのが老舗《しにせ》である。その老舗の本質を理解したうえで、後世に流儀を伝えることを目的に設立した協会で、福澤はその会長職を務めている。

「Spirit of SHINISE協会」の入会資格の条件として掲げられているのは、次の四つ。

一．健全な企業をつくることにより、健全な社会を建設する者
二．創業年にかかわらず、百年先をみつめて行動する百年企業を健全な社会の上に築く者
三．最高の顧客満足を実現するために、最善の社員満足を実践する者
四．老舗の世界観と、それを支える利益の質を重んじる倫理観を世界に伝える者

虎屋のように歴史の長いまさしく老舗と呼ばれる企業もいれば、比較的新しい企

業も参加している。つまり、新旧にかかわらず、老舗の精神に共鳴した経営者の連帯を生み出す場なのだろう。

設立から一年後の二〇一〇年、Spirit of SHINISE協会は、会員間での意見交換をもとに『老舗精神のすゝめ』を公表。また、二〇一九年から二〇二〇年にかけて『老舗の精神を語る』を刊行した。

同書に寄せた福澤の文章から、老舗についての記述の一部を引く。

「老舗精神とは一言でいえばバランス感覚ですね。色々な時代を駆け抜けてきた老舗の方たちは、軸足をしっかりと踏ん張りながらバランスをとって、困難な局面を乗り越えてきました。（略）柔軟性がありながらブレない、しなやかさを伴ったバランス感覚がなければ、時代の変化にも対応できず、長く続けていくことも難しくなるでしょう」

福澤は、さらに「気品を身につけよ」という。

「福澤諭吉は、『気品の泉源、智徳の模範』を慶應義塾の目的と定め、学問を修める過程で『智徳』とともに『気品』を重視し、社会の先導者にふさわしい人格形成を志しました。（略）企業も同じで、顧客、社員、株主のために地道に活動を続ける中で、老舗として気品が身につくのだと思います」

節分の日、二月三日は福澤諭吉の命日である。

「菩提寺の麻布山には毎年親戚が集まるんだけど、どうしても年寄り中心になってね。ほら、若い人はウイークデイに仕事があるから。福澤家の帝王学？　そんなのないよ」とにやり。

「親父が生まれたときはまだ諭吉は存命だったけど。祖母にも話を聞いたことはない。（慶應義塾の塾長だった）石川忠雄さんが言っていたが、そういうものは自然に何となく伝わっていくもの。わざわざ資料を紐解《ひもと》いて、ありがたく拝んだら諭吉に叱られます」

ざっくばらんな物言いはいかにも江戸風である。

「（三菱グループの会長社長が集まる）金曜会だってカレーを食べるだけ。経営戦略なんて議論したことない。相談役とか顧問って役職があるけど、年寄りは口を出すべきじゃない。ただの飾り。経営陣が相談役に相談するなんて、ろくな会社じゃない」

ＴＢＳテレビで『半沢直樹』や『ＶＩＶＡＮＴ』などのヒット作を演出した福澤克雄は甥にあたる。

「妹の子どもです。兄弟そろってラグビー漬けで、二人とも落第。『だけどあの子たち全然へっちゃらなの』と妹が呆《あき》れていた」

一九六四年生まれの克雄は、故・上田昭夫監督のもと慶應義塾大学史上初の日本一になったラガーマンでもある。

「いまはあいつがＴＢＳの稼ぎ頭らしいね」

福澤は一族の活躍に顔をほころばせた。

石崎孟　マガジンハウス顧問①

花の銀座は都電に乗って

東銀座のマガジンハウス本社にある石崎《いしざき》孟《つとむ》の執務室は、さながら前線基地のようだった。

「アン・アン」や「ブルータス」など、刷り上がったばかりの雑誌がうずたかく積み上げられ、壁には創業者岩堀喜之助と二人三脚で会社の礎を築いた二代目社長、清水達夫の直筆の書が飾られている。

「読者を大切に」

「創造を大切に」

「人間を大切に」

挨拶もそこそこに、「エーッと、今日お話ししなくちゃならないことは……」と石﨑は手帳をめくった。そこには鉛筆書きの細かなメモがびっしり。

「こうやって書いておかないと忘れちゃうからね」と、軽妙で淀みのない江戸前の語り口。

彼の現役時代は一九七〇年代から九〇年代にかけての雑誌文化最盛期。銀座を舞台に、縦横無尽に活躍した活字文化の申し子である。

昭和二十一（一九四六）年、港区麻布十番生まれ。文久三（一八六三）年創業の石﨑綿店が実家だ。

「『丸万石﨑綿店』ていうのが屋号でした。麻布十番の真ん中で、親父の名刺には『麻布十番大通り中央』と書いてあった。プライドが高かったんだ。『六本木？　あんなとこ、昔は笹薮《ささやぶ》だった』なんて言ってね」

文久の時代、丸万石﨑綿店は一之橋の船着き場から舟で綿の実を運んでいた。神楽坂と並ぶ歓楽街の活況を呈していた界隈は夕刻になると車両通行止めとなり、金魚すくい、七味唐辛子、バナナのたたき売りの屋台や大道芸など「東京の音」が溢れて、そぞろ歩きするのが楽しかった。

「もともとの町名は東京市麻布新網《しんあみ》町。ものごころついたときは『麻布十番』になっていた。

親父は大正五年生まれでね。麻布十番に芸者さんがいた頃、僕も置屋について行って、姐さんたちが白塗りしているのを眺めたり。大人は紺の半纏《はんてん》が洒落ていた。やっぱり『水』が入ると違うんだ。粋な大人たちを普通に見ていました。

八十四歳で亡くなった親父の葬儀にかつての芸者さんも顔を出してくれた。おふくろは彼女たちを源氏名で呼んでいました」

実家の裏が工場だった。

「そこで職人さんが布団を作っていました。近くの西町インターナショナルスクールの生徒が見学に来てね。なんだか外人が見にきてくれるのがもの珍しかったな。

まあ、地方の布団屋よりは垢ぬけていました。でもね、商売やってるから、家に玄関がないの。色気づいたころはそれがイヤでね。友だちが店先からやってくるのがなんともね」と苦笑する。

石崎が雑誌編集者だった頃の文章を読んだ。

「東京都内に、まだ路面電車（都電）が縦横に走り回っていた二十数年前、『都電は交差点での右折、左折、直進をどうやってコントロールするのだろう』。そんな疑問を、乗車するたびに感じていた。それが解明できぬうちに、東京から都電が消え去り、そして、自分自身も大人になってしまった。

都電といえば、近ごろのバス停の呼称は、確かに色気がなさすぎる。町名の上に東西南北がつくか、下に何丁目とかがつくのばっかりだ。昔は違った。六本木を例にとれば、現在ロア六本木にあるあの角は『三河台』。テレビ朝日通りへの入口交差点は『材木町』。防衛庁前は『竜土町』。溜池の方へ下りれば『簞笥町』とこうなる」（『ブルータス』一九八六年六月一日号）

西麻布なんて口にしたら、「バカ野郎、『霞町』だろ！」なんて父に叱られた。

「銀座にしたって、四丁目の交差点は『尾張町の交差点』と呼んだ。都電の駅名は全部覚えていましたよ。都電を知らないとどこへも行けないんだから。

麻布十番から銀座までは二十分。往復で二十五円。敷かれたレールはオリンピックで消えちゃった。残ったのは三十四番だけ。最後に花電車が出たときはおふくろと観に行きました」

港区の小学生にとって、最初の遠足は銀座の先にある浜離宮恩賜庭園と決まっていた。

「なぜか『お浜離宮』って〝お〟を付けて呼んでいた。みんなで都電に乗り、弁当を持って」

麻布十番商店街でもらった招待券を握り締め、日劇でレビューを観た。

「都電八番で日比谷交差点を右に直進して、数寄屋橋で降りる。姉は宝塚に行っていたな。ディズニーの映画『白雪姫』は母と姉と三人で。（八丁目に）全線座っていう映画館があって、なんだか変わった名前だなって子ども心に思っていました」

商店の家は休みがなかった。休日は盆と正月だけ。それが毎月二十日が休みに、その次に十日と二十日の月に二回に。

「それまでは両親が手分けして僕ら姉弟《きょうだい》三人を遊びに連れていってくれました。銀座のスエヒロでポークソテーを食べた。ステーキは高いから、ねだってはいけないと思っていました。店構えはしもた屋風、ケチャップライスも美味しかった。中華第一樓は木造三階建て。シュウマイが旨くてね。

親の世代は働きづめだった。それが戦後の経済を支えたんでしょう。身を粉にして働いて子どもをいい学校に通わせた。毎週火曜が定休日になったのは、僕が大学に入った頃から」

石﨑の姉は、鳥居坂の東洋英和女学院に通った。

「たまたま残してきた給食のパンがやたら旨くて、公立小のコッペパンとレベルが違って驚いた。そんな時代です」

石﨑も中学受験に備えて神田の学習塾へ通った。

「ときどき親父が迎えに来てくれました。配達車の三菱レオです。軽三輪車。初めてコーラを飲んだのは小五の時だった。親父の配達に付き合って行った麴町の日産の重役さんの家で『ご苦労さん』って飲まされたら、クソまずい！　お客さんの前だから、なんだこりゃと思いながらも飲み干しました。そのあとです、コーラがオシャレな飲みものとして広がったのは。昭和三十年代はそんな話がいくつもある」

首尾よく立教中学に入り、正月は箱根駅伝の応援に。選手を自転車で追いかけた。

「日比谷の旧読売新聞社がゴール。立教は強かった。まあ、参加する大学もいまほど多くなかったからね」

親と一緒に遊びに出かけることはなくなった。高校生になると女の子とデートし、週末は銀座へ繰り出した。「平凡パンチ」創刊号、大橋歩の表紙で有名なみゆき族の季節である。

アメフトとアメリカンフォークと

石﨑孟　マガジンハウス顧問②

右肩上がりの高度経済成長、ラブ&ピースのヒッピー文化、アポロ11号の月面着陸成功にウッドストック・フェスティバル……。

石﨑孟の学生生活は、そのまま一九六〇年代に重なっていた。

「初デートは高校三年。六本木のアマンドで待ち合わせて、銀座五丁目の三笠会館でエビフライ。『おっと、尻尾は食っちゃいけない』なんて、いつもは食べちゃう尻尾を格好つけて残したり。デートの軍資金は、店のレジからちょこちょこくすねてね」と悪戯《いたずら》っぽく笑う。

「親父は見て見ぬふり、そういうところがありました」

青春映画『銀座の若大将』では、加山雄三が演じる大学生、田沼雄一の実家が麻布のすき焼き屋田《た》能久《のきゅう》という設定だったが（父役は有島一郎）、石崎は江戸期から続く石崎綿店の跡継ぎ息子、さしずめ麻布十番の若大将である。

「平凡パンチ」創刊が石崎の初デートと同じ六四年。アジアで初めてのオリンピックが開催された年でもある。表紙には真っ黒に日焼けしたアイビーカットの若者たちとオープンカー。定価五十円で、〝THE MAGAZINE FOR MEN〟との副題が洒落ている。新進のイラストレーター大橋歩が描いたみゆき族である。

「（みゆき通りの）『ジュリアン ソレル』でコーヒーを飲んだり。ＶＡＮの紙袋を三枚重ねて頑丈にして抱えて歩いた。ボタンダウンシャツに短めのコットンパンツ。冬になるとステンカラーコート。女の子たちはロンスカです」

石崎の言う「ロンスカ」とはＡラインの型紙で作ったロングスカートのこと。

「大学に入った頃から、キングストン・トリオなどアメリカンフォークソングブームが訪れ、その数年後に日本にもフォークブームがやってきた。でも、貧乏を売りにしたような『神田川』や『赤ちょうちん』の四畳半フォークがどうも好きになれなくてね」

付属高から大学に上がると、体育会アメリカンフットボール部に入った。関東大学選抜に選ばれ、米軍基地のチームと対戦と相成った。

「横須賀シーホークス、座間ランブラーズ、厚木フライヤーズ、立川マローダース、横田レイダース。向こうにはプロレベルの選手もいた。ハーフタイムになると差し入れでサンキストのオレンジが箱ごと配られる。サンキストのオレンジなんて、当時は千疋屋でしか見たことがなかった。それを相手は食べては捨て、食べては捨てていた」

フットボールでグアム島にも遠征した。

「石油缶みたいなのにどっさり入ったステーキが出てきた。分厚い肉をその場で焼いてもりもり食べている。水分補給はゲータレード。こっちは泥の混じった水を飲んでたのに。そんなアメリカと戦って勝てるわけがないよ」

朝から晩までフットボール漬け、一方で金儲けにも精を出した。

「初代のヴィレッジ・シンガーズに仲間がいてね。『パフ』のピーター・ポール＆マリー、『グリーンフィールズ』のブラザース・フォア、『トム・ドゥーリー』のキングストン・トリオといったアメリカンフォークのコンサートをやろうって話になった。面白そうだと四人集まって、三万円ずつ出しあった。いまなら三十万円くらいかな。姉から借りたそれを原資に興行を打った。有楽町のよみうりホールでコンサートを開いたんです」

チケットは少し高めの五百円にしたが、飛ぶように売れて会場は長蛇の列に。

「こっちはどこかボンボンの集まりだったからね。生活のための金儲けじゃありません。稼いだ金でメシ食って、女の子におごってあげて。唯一VANの紺ブレを買いました。そんな感じで運動部とコンサートに明け暮れた大学生活でした。アメフト部では、一年三百六十五日、殴られない日はなかった。『打倒日大フェニックス！』を合言葉に猛練習しました」

立教のユニフォームは白、日大は赤。激しい練習が実って日大を倒して優勝したのは一年のとき。最終学年では逆にコテンパンにやられた。フットボールリーグ戦はＴＢＳが中継した。

老舗の跡取り息子だったが、「卒業するとき親父は五十チョイで、まだ若かった。お袋に将来を相談すると、『それはお前次第だよ』って」。

それなら五、六年社会に出て、好きなことをやってから実家を継ごうと、気軽に就職活動を始める。

「デパートや商社が人気だったけど、カッコよさへの憧れもあってね。まず大手芸能プロダクションに電話をしたら、『新卒なんてとってねえよ、他を受けたほうがいいよ』とけんもほろろ。それなら『平凡パンチ』の銀座の平凡出版かって」

六九年四月、平凡出版新入社員石﨑孟の誕生である。クレイジーキャッツの植木等主演映画『サラリーマンどんと節　気楽な稼業と来たもんだ』（六二年公開）ばりの勢いで入社する。

ところが……。

「僕みたいなやつ、いないのよー」

反ベトナム戦争、反安保の政治的季節でもあった。前年六八年はゲバ棒とヘルメット姿の学生が機動隊と激しくぶつかりあう新宿騒乱、六九年は東大安田講堂事件、翌七〇年は安保闘争。

「同期には学生運動で逮捕歴がある早稲田出身の奴が二人もいた。会社が『面白いから入れちゃえってね』。もうびっくり！」

シティボーイは流行からは身を置く

石崎孟　マガジンハウス顧問③

「今の新社屋が建ったのは八三年。それまで二階建ての木造でした。学生運動の闘士だった早稲田出身の同期はガリ版刷りの原稿を書き慣れていたからどんどん書きはじめる。一方、僕みたいな運動部出身は相手にされなくて」

編集部の机上には二百字詰めの原稿用紙が山と積まれ、新人石崎が書いた文章にデスクが赤を入れていった。

「書いても書いても突っ返された。デスクはチンチロリンをやっていて、合間に僕の原稿を見る。で、一言、『面白くねえ』ってゴミ箱にポイ。しまいに胸ポケットから万年筆を取り出して、さらさらっと書き直し、『これ入れとけ』って。

女性編集者がデスクに『私の原稿のどこが悪いんですか?』って訊いたんだ。そしたら、『バカヤロー!』って原稿を放り投げられた。いまじゃ問題あるけど。デスクが言っていたのは、どこが悪いかとかじゃなくて、へそがないっていうか、本質的に面白くないということだったんでしょうね。運動部出身のこっちは、そうかダメか、だったらもう一回頑張ろうって、直されてもまったくキズつかなかった(笑)」

そんな石崎が「アンアン」に配属されたのが二十四歳のとき。運動部上がりの石崎は、ファッションの最先端を行く女性誌への異動に不安を覚えた。

「でも、入ってみたらみんないい人。いろいろ教えてくれました。

同じデスクに淀川美代子がいてね。あの映画評論家の淀川長治先生の姪だって、こっちが構えていたら、『映画でも見ない?』なんて誘われちゃって。可愛かった。

お洒落で、爪をあずき色に塗っていた。すぐ仲良しになって、僕の実家にも遊びに来るようになりました。お袋なんて『え？　あの長治先生の姪っ子さん？』なんて驚いてました。

笑っちゃうのは、親父と店先で出くわして『一緒に遊びに行こう』って、親父と淀川と僕と三人で渋谷のグランドキャバレーに行ったんです。女の子が金ぴかのドレス姿でダダーッと並んで出迎えて、さすがの淀川もおったまげちゃって」

こうして「ツンちゃん」「淀川」と呼び合う仲になった。

淀川美代子といえば、編集長として『アンアン』を利益率日本一の百万部雑誌に押し上げ、『オリーブ』を創刊。「お洒落はすべてオリーブが教えてくれた」とこの雑誌に憧れる「オリーブ少女」たちを生み出すなど稀代の編集者になった。

「人たらしでね。ニコルの松田光弘さんやピンクハウスの金子功さん、エッセイストの吉本由美さん、ライターの三宅菊子さんに好かれていた。もちろん僕の両親も大ファン！」

センスは尖がっていてはダメ、というのが淀川の持論だった。彼女の美意識は「普通であること」を大切にした。

コラムニストの中野翠は、当時の淀川の「アンアン」について「何から何まで画期的だった」と回想している（朝日新聞「語る　人生の贈りもの」二〇二三年九月十二日）。「スタジオから飛び出して、街の風景をからめた写真が多くて。服を着たときの楽しさがガンガン伝わってきた」

石﨑は淀川の「タイトルづけの秀逸さ」に舌を巻いた。

「だって、『セックスで、きれいになる』ですよ。それまでセックスをテーマにするのは男の雑誌でした。それを『きれい』という切り口で特集しちゃうんだから」

その一九八九年四月一四日号は日本の女性の性意識を変えた。画家の金子國義が描いた表紙に淀川のセンスが光る。

「きれいになるには、セックスしろってことでしょう？　男の編集者は思いもつかないタイトルでした」

二〇二一年、淀川が亡くなる数ヵ月前、私も「クウネル」でエッセイの依頼を受けた。直々のオファーに緊張しながら、英語教師だった母のファッションについて書いた。彼女とやりとりしたメールはいまでも保存している。

読者がついて部数が伸び、広告収入も右肩上がり。石﨑は雑誌の黄金時代を駆けぬけた。

「一生懸命働いて、夜中にやっとメシになる。編集部の連中と築地市場場内にくり出した。河岸で働く人たち向けに夜中の二時から営業している一膳飯屋で、トラック運転手さんたちと一緒にね。それから近所のスナックにハシゴ。新聞記者たちもたくさんいたなぁ」と懐かしむ。

書籍出版局の編集長になり、無頼派作家といわれた樋口修吉を担当、室井滋のベストセラー『むかつくぜ!』も手がけたが、何といっても印象に残っているのは池部良との日々だった。

「『石﨑君、いますか?』って麻布十番の店先にいらっしゃった。『おい、池部さんだよ！　大変だ！　大変だ！』って親父が驚いていた。ボンボンで、ハイカラでね。石坂洋次郎原作の映画『青い山脈』で大スターになった。その池部さんが目の前に立っているものだから。立教の先輩です」

横浜のホテルニューグランドでのサイン会に同行したときのこと。

「池部さんはクルマに乗らないんだ。京浜東北線で行こうって。なんてったって姿勢が良い。『二枚目という職業は姿勢が良くなきゃダメなんだ』って、車内でもシャキッとされてね。粋がっているところもなく、本当にカッコいい。育ちが違いました」

編集者としてそんな経験をした石﨑にも転機が訪れた。役員への登用である。しかし、彼はそこで一度断っている。

「だって、編集者って、社長なんかより、編集長がやりたいものでしょう」

企画制作という企業とのタイアップ関連の部署に異動となった。編集でも営業でもない部署で、まわりは年寄りばかり。「女房が実家の商いをつないでくれていましてね、ま、そこに戻ればいいや」と思っていた矢先に、また役員にという話になった。それからすぐに社長人事の話に。青天の霹靂《へきれき》だった。

「業界でも、一切僕の名前は上がっていませんでしたからね」

果たして社長は自分に務まるのだろうか。逡巡する石﨑に声をかけたのが淀川美代子だった。

「ツンちゃん、私も協力するから。やるっきゃないわよ。ね！　がんばって！」

老舗綿店の跡取りに生まれ、好きなことをして五、六年勤めたら実家を継ごうと思っていたが、いつの間にか銀座の出版社で五十五年を過ごした。そのうち十六年間は社長を務め、日本雑誌協会理事長の座にも就《つ》いた。

流行からはいつも距離を置いた。東京人の所以《ゆえん》なのだろう。一歩引いて批評的な間合いを保ちながら時代を眺め、自らは仕掛ける側にまわった。それが雑誌編集者としてのスタンスだった。

「腹いっぱい食うために、腹いっぱい働こう」

これは一九五六（昭和三十一）年、自社ビルを銀座三丁目に建てた際、創業者岩堀喜之助が社屋の壁一面に貼りだした言葉である。

「腹いっぱい食べろって社員食堂がタダだった。え？　メシ、タダなのか！　それを知って嬉しくてね。ときどき社員じゃないのも食べていたりしてね」と石崎は苦笑する。

雑誌を取り巻く環境は激変し、出版不況の時代になった。

「でもね、いつの時代も雑誌は面白さが大切です。面白そうなら、読者は必ず手に取ってくれる」

そんな石崎の言葉には初代社長、岩堀の口癖「おもしれぇことあったか」が息づいている。

マガジンハウスの社員食堂はいまでも無料である。

藤田元　藤田商店会長①

思い出のシカゴ時代

港区新橋にある藤田商店会長室のドアを開けて驚いた。藤田田《ふじたでん》が目の前にいると思った。田は、一九七一年、銀座三越に日本マクドナルド第一号店をオープンし、日本中の話題となった立志伝中の人物。長男・元《げん》はとてもよく似ていた。

グレイのスーツにペイズリー柄のネクタイを締め、愛煙するのはマールボロ。戦後ニッポンを象徴するカリスマ経営者を父に持つ元は、雑貨輸入卸、不動産事業を生業とする藤田商店の現会長だが、かつては筋金入りのロック少年だった。

一九五二年生まれだが五十代半ばにしか見えない。それは六〇年代、世界で同時多発したラブ&ピース、カウンターカルチャーの洗礼を受けたからなのか。音楽と旅、そして文学を愛し、のびやかに育った初々しささえ感じられた。

「ハートの（ボーカル）アン・ウィルソンが銀座を歩いていてね。江の島ロックフェス（Ｊａｐａｎ Ｊａｍ）の頃だから七九年。声をかけたら、楽器を探していると言う。だから七丁目のヤマハを薦《すす》めたんです」

Ｊａｐａｎ Ｊａｍは野外フェスのさきがけだった。ハートの他にビーチボーイズ、日本からはサザンオールスターズが参加し、会場の江の島には横田基地や厚木基地からアメリカ兵も大挙して押しかけた、いまでも語り継がれる伝説のロックフェスティバルだ。

「グレイトフル・デッドのライブを観たのはノースウェスタン大学のホールでした。それにしても彼らの演奏は長かった。四時間半！」

Ｊａｐａｎ Ｊａｍに続いて、グレイトフル・デッドのライブといきなりのロック談議。グレイトフル・デッドは、通が愛するロックバンド。ステージが始まる何時間も前からファンが集まり酒を飲み、旧交を温める。ロックが生活に根づいている。徹底的に楽しもうという雰囲気の中、リードギタリストのジェリー・ガルシアらがステージに登場し、チューニングを始めると、あちこちから歓声が上がる。

「狂信的というか、まわりはイッている連中ばっかり。地下のトイレにはマリファナの煙がもうもうで、そこにいるだけで頭がぼーっとしてしまう。クラスメイトたちはそこでキメてステージを観に行くわけです」

六五年にカリフォルニア州パロアルトで結成されたグレイトフル・デッドは、公民権運動の高まりとベトナム反戦運動に伴うヒッピー文化の象徴だった。バンド解散後も熱狂的なファンがいて、「デッドヘッズ」と呼ばれているが、藤田もその一人というわけか。

世界中でベストセラーとなった『グレイトフル・デッドにマーケティングを学ぶ』(ブライアン・ハリガン、デイヴィッド・ミーアマン・スコット著 日経BP)

に糸井重里が文章を寄せている。

「グレイトフル・デッドは、40年以上前から、ファンのみんなに自分たちの音楽を無料で開放していました。ツアーの音楽は録音してコピーし放題。まさに『フリー』であり、『シェア』のはしりです。

著作権だなんだといわずに、自分たちの作品を解放したら、たくさんのファンがついてくれて、コミュニティができて、仕事を手伝ってくれて、結果としてグレイトフル・デッドの音楽活動は、大きな市場になりました」

本の帯には「オバマ大統領から、スティーブ・ジョブスまで、米国トップは皆グレイトフル・デッドから学んでいた！」とある。

「イギリスの（音楽雑誌）『メロディ・メイカー』やフランスの『ロック・アンド・フォーク』、ドイツの『サウンズ』などは原書で読まないと本当の情報は取れない。そう考えてシカゴのロヨラ大学に留学したんです。心理学、数学、英語の聴講生として」

藤田は十九歳で単身、シカゴへ渡った。シカゴはブルースが生まれた音楽の都である。

「向こうに行ったら、お前はどんな音楽聴いているんだって訊かれ、フランク・ザッパだと答えると、そうか、だったらライブあるから行こうって誘われた。向こうでは十九歳でもワインやビールが飲めた。ただし、ウオッカなど強い酒は駄目です。だからＩＤを友達に借りてね」

ジェネシス、ムーディー・ブルース、キング・クリムゾン、ユーライア・ヒープ、ディープ・パープル、フォガット……。藤田の口から出てくるロックのジャンルは多岐にわたるが、アシュ・ラ・テンペル、クラウス・シュルツェといったジャーマン系エレクトロ・ミュージック（電子音楽）にもはまり、いまはエスニック・ミュージック（民族音楽）も聴いていると言う。

「ロック・バーやロック喫茶も好きで、日本中出かけて行きました。京都なら『ポパイ』や『ニコニコ亭』、東京だったら中野の『Ｒｏｃｋ ｉｎ』、新宿の『ＲＯＬ

LING STONE』、高円寺『キーボード』ではビートルズの海賊盤をかけてくれた。吉祥寺の雑居ビル地下にあった『赤毛とソバカス』もよかったな。日本一のロック通だと思ったのは、銀座七丁目にあった『バー アールスコート』の田中さんです。イギリスのウィンブルドンに住んでいたから現地の音楽も詳しくて、ソフト・マシーンからキャラヴァンまで全部観て、それを自分で録音もしていた」

店名「アールスコート」はロンドンの地名から。オーナーの田中京《きょう》は、田中角栄元首相の長男である。CBS・ソニーディレクターを経て音楽評論家として活躍した。私も行ったことがあるが、文芸評論家の福田和也さんが機嫌良さそうにハイボールを飲んでいた。

「おでんの『やす幸』の斜め向かいにあって、上はSMクラブでした。経費で落ちる〝社腹《シャバラ》〟のときはやたらに高い（笑）。田中さんはロックの話で興に乗るとマスターなのに、仕事そっちのけで客の席に座っちゃう」

戦後の日本経済を牽引《けんいん》した父、藤田田は家族の時間を大切にした。

「弟（藤田商店取締役、藤田完）も一緒に、よく一家四人でドライブをしました。カーステレオで親父は軍歌、お袋は（『ルイジアナ・ママ』を歌った）飯田久彦を聴いていた。そんなとき、ラジオからビートルズが流れてきたんです。僕は中学生でした。いまでも覚えている。茨城の牛久あたりを走っていた。ＴＢＳだったか、『デイ・トリッパー』が流れてきた」

「デイ・トリッパー」とは日帰り行楽客の意味である。ドライブ中に耳にしたビートルズがロックミュージックへの扉になった。

藤田元　藤田商店会長②

家族揃ってビートルズ来日公演へ

「ローリング・ストーンズは汚い格好をしていたからあまり好きじゃなかったな。ビートルズはきちんとスーツを着て、演奏するたびに僕ら観客におじぎをしてくれたんです」

ビートルズの来日公演は昭和四十一（一九六六）年の六月。藤田元は、父、母、弟と家族で日本武道館に出かけて行った。

いまでは考えられないことだが、当時の日本ではロックに市民権がなかった。来日前の国会では「ビートルズを呼ぶべきか否か」と議員たちが真剣に論戦を交わし、「ビートルズは日本の若者を不良にする」と右翼が街宣活動を繰り広げ、「コンサートに行ったら退学」と禁止令を出す学校も。だが、元の通っていた成城学園は違った。

「藤田、ビートルズを観ることができるなんて、そんなチャンスは滅多にないぞ。早退していいから行きなさいって担任の先生が言ったんです」

ジョン・レノン、ポール・マッカートニー、ジョージ・ハリスン、リンゴ・スターの四人を乗せた日航機四一二便「松島」が羽田に降り立ったのは六月二十九日午前三時三十九分。

武道館公演は翌三十日から七月二日まで昼夜計五回。大きな日の丸の旗が吊り下げられた日本武道館で、ジョンとジョージはエピフォン・カジノのギターを、左利きのポールはカール・ヘフナーのバイオリン・ベースを抱えて登場、ステージ上部にはリンゴが叩《たた》くドラム、ラディックが据えられ、バスドラには「The Beatles」とバンド名が。

「ジョンの髪の毛は茶色、ポールはそれより濃いダークブラウン。ああ、やっぱりビートルズは外国人なんだって思った。音楽雑誌のグラビア写真は全部モノクロでしたからね。そうそう、隣に父の知り合いで当時、三越宣伝部長だった岡田茂さん（のちに三越社長）が座っていました」

その日のライブは何から何まで覚えている。

「一曲目が（チャック・ベリーの）『ロック・アンド・ロール・ミュージック』。ヴォックスのオルガンがステージに一台ぽつんと置いてあって、誰が弾《ひ》くんだろうって気になっていた。演奏は三十五分。『アイム・ダウン』がラストだった。アンコールはなし。結局、オルガンには誰も触れなかった。それにしても、家族揃ってビートルズを観たのはうちくらいでしょうね。連れていってくれた父には感謝しかありません」

ビートルズを日本に呼んだ男として知られるのがタツ・ナガシマこと永島達司《ながしまたつじ》。三菱銀行のバンカーだった父の転勤に伴い、二歳でニューヨークへ、四歳でロンドンに渡る。一時帰国後、十二歳で再びニューヨークに。敗戦後、ロンドン、ニューヨーク仕込みの英語力で米軍将校クラブの通訳から支配人になり、早稲田を出た後ショービジネスの世界へ。現在のキョードー東京を設立した。

「永島ファミリーは成城に住んでいました。成城学園では長男が僕の一学年下、次男は弟と同じクラスでね。達司さんは日本人では見たことがないほど背が高くて、奥さんは女優さん（藤田泰子）。だから息子も美男子でした」

父の田《でん》が元の耳元で囁《ささや》いた。

「あそこで腕組んで立っているやつがいるだろ？　マネージャーのブライアン・エプスタインだ。彼が一番偉いんだ。よく見ておきなさい」

元が当時を振りかえる。

「父はエプスタインのことをユダヤ人の知り合いから聞いていたんですね。彼もユダヤ人だった。彼らを知っていると商売がうまくいくと父が言っていた。ビジネスには厳しいけど、仲良くなれば万事すんなり運ぶと」

自らを「銀座のユダヤ人」と呼んだ田には、『ユダヤの商法―世界経済を動かす』という著作がある。

その出版五十周年を記念して出版された『【漫画版】ユダヤの商法：君たちはどう稼ぐか』（KKベストセラーズ）に「GHQの通訳で学んだ差別を超えるお金の実力――ユダヤ商法」というコラムが掲載されている。

東大時代の田は、日比谷の第一生命ビルにあるGHQで通訳をしていたが、敗戦国民、黄色人種とのことで差別を受けることもあった。そんななか、やはりJEW《ジュウ》と揶揄《やゆ》されていたユダヤ人下士官が他の下士官に高利で金を貸し、豊かな生活をしている姿を見た。ビジネスを通し、逆に彼らを支配していることに興味を持ち、ユダヤ人の行動原理を学んでビジネスの基本としたというエピソードである。

「ブライアン・エプスタインもピシッとスーツを着て、メンバーに汚い言葉を使わせなかった。ビートルズがステージで丁寧に頭を下げたのも彼の指示です。音楽に限らず、ファッションや映画の世界もユダヤ系が多いでしょう。たとえばアメリカに行ってこういうものが欲しいってユダヤ人に訊くと、ニューヨークのどこそこへ行ってみろって紹介してくれる。強固なユダヤ人ネットワークがあるんですね」

ユダヤ人の成功の鍵は教育にある。他の家の子どもたちが遊んでいるあいだにも勉強を奨励する。そうして親から子へと知恵が受け継がれていく。家族の絆を重んじた藤田家もその例に倣ったのだろう。

来日公演に関し、エプスタインが永島達司に出した条件にチケット料金があった。

「家族連れや若者も買えるような値段にしてほしい」。結果、チケットは二千百円になったが、経費を賄《まかな》うために大人数が収容できる武道館が会場となった。

七月一日昼の部公演には日本テレビのカメラが入り、その夜に放送されて五六・五パーセントという驚異的な視聴率を叩き出した。チケットを持たない多くの子供たちもテレビにくぎ付けになったのは想像に難くない。

翌年タイガースを結成、デビューする岸部一徳は、沢田研二、加橋かつみと夜行列車で京都から足を運び、同じく武道館に行った慶應義塾高校の松本隆も、細野晴臣とはっぴいえんどを作って、のちの日本の音楽界をリードする存在になった。

「みなさん、たいへん長らくお待たせしました。立ったりせず、お席のところでお願いしたいと思います」

開演前、司会のE・H・エリックにかけられた言葉を守り、どの観客も席から立ち上がることはしなかった（もちろん歓声は凄《すさ》まじかったが）。

「ロックは日本の若者を不良にする」。紳士の国イギリスから来たバンドが、大人たちのそんな戯言《たわごと》を払拭した。

もしかしたらこれも敏腕マネージャー、エプスタイン一流の、ビジネスの先を見越したユダヤ・ウェイだったのかもしれない。

マクドナルド銀座一号店、オープン

藤田元 藤田商店会長③

藤田元の初めての海外は一九六六年。これも家族揃っての香港だった。「弟がジョージ・ハリスンが弾いていたギターを欲しがってね。オールドブラックグレッチ Duo Jetです。当時で五十万円くらい。クルマが買える値段でした。でも弟の体には大き過ぎて、フェンダーのテレキャスターを選んだ。これは二十万したな。レイバンのサングラスをかけたり、スーツを作ったりね。

高校に上がってからはハワイにも行きました。流行っていたクレイジーシャツの

Tシャツをまとめ買いしてね。レコードも安かった。日本では二千円だけど、向こうは四ドルか五ドルくらい。ドアーズやジミヘンのアルバムを買いました。楽しかったんだけど、父がハワイの暑さに耐えきれなくなって一泊したら帰るぞって言い出した。そこからが大変。航空券を予約し直したり、ホテルのキャンセルをしなくちゃいけない。もちろん英語で。これは語学を勉強しないとだめだって思いました」

そんな超特急のハワイ旅行で、藤田家の運命を変える大きな出会いがあった。

「ホノルルのマクドナルドに行ったんです。これは美味《うま》いって父が言った。僕も弟も美味《おい》しい美味しいってハンバーガーを頬張った。街でみんなが食べているものはだいたいが美味いんです」

家族旅行で出合ったマクドナルドのハンバーガー。その五年後、父は銀座三越に日本マクドナルド第一号店をオープンする。

「六本木にハンバーガー・インがありましたけど、高校生には敷居が高かった。そこで父は、銀座の大通りでオープンしたんです」

ここで田の発言を引く（藤田田『【漫画版】ユダヤの商法：君たちはどう稼ぐか』）。

「口を狙え。口に入ったものは、必ず、消化され、排出される。飲食で商売のタネは事欠かない」

「売られた商品がその日のうちに消費され、廃棄されていく。こんな商品はほかには存在しない」

「私がハンバーガーに手を出したのは、日本人の体質を変えようと思ったからでもある。日本人が肉とパンとイモのハンバーガーを、これから先、一〇〇〇年ほど食べ続けるならば、日本人も、色白の金髪人間になるはずだ。私は、ハンバーガーで日本人を金髪に改造するのだ」

商売で成功するには自国や他国の文化をいかに熟知するかが大切だと田は考えた。

「日本語というのは、三音か五音か七音で成立している。『マクダーナルズ』では、日本人には受けない。私が『マクド／ナルド』の名前に固執《こしつ》したように、そこには日本的な演出が必要になってくる」

アメリカ本国のマクドナルドは郊外から発展した。クルマ社会でドライブスルーがあったからだ。しかし、田はあくまで都心にこだわり、一九七一年七月二十日、銀座三越に一号店を開店する。

「外来文化は、その国の中心から入らないと普及しない」という彼の言葉通り、二十年後には約四千店舗まで発展した。

「一号店の開店時、僕は十九歳でした。当時、三越は月曜定休だったから、その日一晩で店舗を設《しつら》え、看板を掲げたのは朝の五時。それが落っこちちゃって、おふくろが『縁起でもない』って嘆いていたのを覚えています。オープニング・セレモニーも家族揃って。夜はアメリカ本国の創業者レイ・クロック夫妻と銀座マキシム・ド・パリに行きました」

幼少時から親に連れられ、銀座で食事をしてきた元は「僕は銀座に育ててもらったようなもの」と語る。

「ステーキは不二家が美味かった。ステーキがドン！　と出てくる。家族四人で一キロ食べました」

元が取り出したメモには、銀座の名店がずらりと並ぶ。

「洋食屋のフロリダキッチンはレバーが美味く、鳥長は親父さんがロレックスをはめて鶏肉を焼いていた。ホステスが来ると香水の匂いにあからさまに嫌な顔をし、長居すると『うちは喫茶店じゃねえ』って叱っていました。湯がいたホルモンに味《み》噌《そ》をつけて食べる台南担仔麺大王《タイナンターミーメンダイオウ》もあった。おでんのやす幸は夕方四時からやっている。親父さんはゴルフ好きでね。そうそう、一本千円もする銀座千疋屋のバナナは外国人が喜んだ」

大学を出て新宿や四谷で飲んでいた元は、父から「そろそろ銀座で飲んだらどうだ」と勧められる。

「銀座はものが違う。店のママがいろいろ教えてくれるからって。『ＮＯＴマナー、ＢＵＴルール』っていうんです。店に入って席が空いたとする。でも、すぐ座っちゃいけない。ガツガツしない。こっちが全部片付けてから座んなさいとか。店の女の子には、『痩《や》せた？』なんて聞かないこと。事情があって痩せてしまったのかもしれないからね」

銀座に集う顔ぶれを眺め、金持ちというのは本来、派手な恰好はしないものなのだと知った。成金とちがって教養があり、質の良い暮らしをしていた。

父と一緒に銀座で飲んだときのエピソードを訊くと……。

「父は一ヵ所五分しかいない。それで一晩に七、八軒回るんです。そうすると女の子があっちの店に移ったとかこっちに来たとか、そんな話から店の経営状況がわかります。海外に買いものに行ったらグッチがニューヨークに新しい店を出したとか、流行に詳しい彼女たちから教えてもらえる。それを頭に入れて仕事に生かしていた。世間話をしているようできちんと情報を取っていた」

銀座での父を語る藤田元は、いまも現金で飲むことはない。

「現金をやたらばらまくのはいけません。そして請求書が届いたらすぐに払う。万事スマートにいかないと。『健康で自分の金を持っている』。それが銀座で飲むコツですかね。

時代は確かに変わったかもしれない。でも、僕と銀座との付き合いは四十年前と変わりません。藤田商店もマクドナルドも、銀座の街に育ててもらったと思います」

奥山忠　東京ニュース通信社相談役①

「週刊TVガイド」創刊

白いBD《ボタンダウン》シャツにブルー・レッド・ブルーの慶應カラーのタイが映え、日焼けした顔は夏の名残りを感じさせる。

がたいのいい体を銀座壹番館で仕立てた紺のブレザーに包み込み、底抜けに明るい快男児が目の前に座っていた。

東京ニュース通信社の奥山忠《おくやまただし》は一九三四（昭和九）年生まれ。粋でパワフルな昭和の男はかつて、放送局や芸能プロダクション、広告会社なんかにたくさんいたものだ。

銀座七丁目にある執務室に飾られていたのは「週刊ＴＶガイド」創刊号。約六十年前に出た、定価三十円の小ぶりな雑誌だ。

表紙にはＮＨＫ出身で日本初のフリーアナウンサーとなった高橋圭三。撮影は秋山庄太郎である。

復刻版をめくると、グラビア「永六輔のとび入り訪問」、初回ゲストは野際陽子だった。

「美しさにボーっとした」と永は鼻の下を長くさせながら書いている。たしかに、モノクロのグラビアから野際の色香が匂い立ってくるようだ。

巻頭コラム「私とテレビ」には、『人生劇場』で国民的作家になった尾崎士郎が「現代の日本で、テレビの浸透力ほどつよいものはあるまい」と寄稿している。

「それにもかかわらず、総体的な不信感が第二義的な印象をあたえていることも疑うべからざることであろう。一般的なひろがりをつくろうとすればするほど、低俗なところに落ちつかなければならないような運命をかんじさせるところに停滞があるのかもしれない」

創刊号に敢えて尾崎のような直言居士を持ってきた発行人、奥山忠の慧眼《けいがん》に思わずうなる。

八月九日木曜日の番組表には『おとなの漫画〈出演〉ハナ肇とクレージー・キャッツ』とあり、『シャボン玉ホリデー』の番宣やアメリカのドラマ『ベン・ケーシー』特集の合間に、志賀直哉や小沼丹らのエピソードも掲載されている。

『おとぼけ新聞』のコーナーには三國一朗、コロムビア・トップ、そして松任谷國子の名が。松任谷國子といえば当時の青少年を虜にした美貌の持ち主で、音楽プロデューサー松任谷正隆の従姉にあたる。正隆に訊くと、「当時、『松任谷』という名字を人に伝えると、『もしかして、松任谷國子さんの?』といわれて、山のような色紙を持ってきてサインを求められて困った」と苦笑いしていた。

ＮＨＫやキー局のトップに続いて、社訓「鬼十則」で広告業界に名を轟かせた電通社長吉田秀雄が祝辞を寄せ、それを受けて奥山は「『ＴＶガイド』はテレビと視聴者をかたく結ぶ紐帯として発刊されました。（略）視聴者とともに歩むことをモットーとしていきます」と挨拶している。

奥山の父・清平《せいへい》は英字新聞社のオーナーだった。

「もともとは英字新聞の記者でした。ジャパン・アドバタイザーという会社に勤めていてね。周りは東大、京大、慶應ばかり。その中で小卒の親父は頑張った。タイプライターも巧みだった」

清平は自らの半生をこう記している。

「貧乏のドン底に育ち、あらゆる苦難の道を歩んで来た。小学校五年生の時から、放課後工場で働き、卒業後は専《もっぱ》ら工員として働いた、十八歳で英語を夜学で習い始め、二十歳で英字新聞ジャパン・アドバタイザー社の受付ボーイに採用され、二十三歳で同社の編集部に勤めて記者に昇進し、以来八年間、英字新聞記者生活をした。

その後、月給取りをやめ、小規模の英文通信社『奥山サービス』を興《おこ》した。一人で編集する日刊英文翻訳通信であった。（略）裕福な家庭に生まれて、大学教育を受け、なに不自由なく青少年時代を過ごしてきた連中とは、ちょっとばかり訳が違うのである」（奥山清平『人生ガイド』東京ニュース通信社）

清平は受付ボーイの採用試験に、着物で下駄履きという恰好で臨んだ。「こんにちは！」。満面の笑みで元気に挨拶する清平に、アメリカ人の総支配人は「ＯＫ」と採用のサインをし、新しい詰襟の服と靴まで買ってくれた。

「父が育ったのは台東区谷中のイロハ長屋で、イの五号。三軒隣のイの八号が七歳下の母の家で、幼なじみ同士で一緒になった。上司に恵まれ一生懸命頑張ったけど、大卒でないと編集長になれない。で、独立を決意したんです」

父を語る奥山の視線の先に清平の写真があった。眼鏡の奥に優しげな瞳。いまにもこちらに語りかけてきそうなスーツ姿の遺影である。

清平の起業は一九三三（昭和八）年。「資本金も人的資源もなかったので、一人で編集する日刊英文翻訳通信であった」（同前）

「親父は朝四時に出社して、刷り上がったばかりの朝日、毎日、読売、日経から外国人が関心を持ちそうな記事を訳して配ったんです」と奥山は語る。

「そのかたわらで母は一枚一枚、謄写版を刷ってね。アメリカ、イギリス、ドイツの大使館に配ったら、これが評判になった。親父の会社は『奥山サービス』といって、帝国ホテルの裏にあった」

それ以来、奥山家の日常は銀座がベースになる。

「母は松坂屋が好みだった。安くていいものがあるって。ときどき地下鉄に乗って浅草の松屋にも足を延ばしました。屋上にはお猿の電車。本物の猿が運転手だったんだ」

奥山は天現寺の慶應幼稚舎に入学する。

「家業が成功して羽振りが良くなったんです。戦争が終わって銀座に出ると、和光の交差点にMPがカッコよく立っていました。交通整理がダンスみたいなんだ。こう、ひょいって片手を上げて、笛を咥《くわ》えてね」

ＧＨＱによる占領期、銀座一帯は「リトル・アメリカ」と呼ばれ、銀座通りはジープが走り、接収された東京宝塚劇場はアーニー・パイル劇場となり、日比谷公園には進駐軍専用の野球場ができた。

「目に焼き付いたのはＭＰの靴です。ピカピカなんだ。日本の警官も立っていたけど、なんだかね、貧相に見えて。戦争に負けるって、こういうことかって思いました。和光の前に十人くらいシューー・シャインボーイがいた。俺もそこで靴を磨いてもらうようになりました」

クラスメイトの裕次郎と

奥山忠　東京ニュース通信社相談役②

「東洋英和や山脇の女学生とお付き合いしました。『あら、慶應ボーイよ！』なんてね。銀座白十字でお茶を飲んだり。いやいや、手なんか握りませんん」

慶應の高校生、奥山忠のそんな清い交際の軍資金は母親から。

「参考書を買わなきゃいけないって、お袋に嘘ついて。参考書三冊分の金をせしめてデート代にしたり、ビング・クロスビーのレコードを買いました」

当時まだ珍しかった自動車を運転して、日吉まで通った。

「十七歳で肺を病《や》んでしまってね。電車なら、家があった五反田から渋谷に出て、そこから東横線に乗り換えるんだけど、朝はラッシュでしょ。結核持ちは降ろされてしまうんです。親父も『お前の病気は死ぬ病気だ』って心配して、東京で一つしかなかった三田の自動車教習所に通わされ、免許を取りました。ビュイックに乗っていた親父が同じアメ車のオールズモビルを買ってくれた。もちろん中古ですよ。五反田から日吉まで二十分ほどです。早いでしょ。なにしろ信号がないんだから、あっという間」

そのオールズモビルに、クラスメイトの石原裕次郎をよく乗せた。

「一学年下のあいつが高校に入ってきて同級生になった。俺は結核で休学していたから一年遅れだったんです。裕次郎は『奥山さん』と、さん付けで呼んでくれた。慶應では二年ダブるとクビになっちゃう。みんなは『オクチュウ、大丈夫か?』なんてニックネームでからかうのに、裕次郎は最後まで『奥山さん』を通してくれてね。礼儀正しく、人情に厚《あつ》かった。大学に進むと、『太陽の季節』や『狂った果実』

に出演して一気にスターになるんだけど、最後まで『奥山さん』、『石原』と呼び合う仲でした」

彼らはしょっちゅう銀座にくり出した。奥山がハンドルを握り、助手席には笑顔の石原裕次郎。

「『奥山さん、イカす店が銀座にできたらしい。行こうぜ』ってね。勉強する暇なんてありませんでした。あいつの飲みっぷりといったら、そりゃあ豪快そのものです。氷を詰めたアイスペールにダルマ（サントリーオールド）をまとめて二本ドボドボって注ぐ。それをみんなで回し飲みして、飲み干したらまた二本ドボドボ……。べろべろになって帰るんだ。支払いはぜんぶ裕次郎。七、八人の仲間を引き連れて夜の銀座を飲み歩いた」

アルバイトにも精を出す。厚木や横浜の進駐軍キャンプで、兵隊たちに向けて演奏した。

「ギャラは一日で七百円。学生にしちゃあ悪くない。演奏したのはハワイアン。一曲終わるたびに拍手です。日本人みたいにムスッとしていない。コカ・コーラも飲み放題。いくらでも飲めって。

夕方五時に東京駅に集合する。（ドラムの）ジョージ川口さんや（サックスの）松本英彦さん、（ピアノの）中村八大さん、（ベースの）渡辺晋さんといったプロのミュージシャンはバス、俺たちはトラックの荷台に乗せられて基地までね。ジャズを演《や》るときはテナーサックスを吹きました」

終戦後、国は貧しかったが音楽の風はなんとも爽《さわ》やかだった。アルバイトで潤った忠は、母の財布を当てにすることもなくなった。

「女ともだちには曲直瀬《まなせ》（現・渡邊）美佐さん（渡辺プロダクション名誉会長）や、故メリー喜多川さんがいた。彼女たちは『オクチュウ！　元気？』って気さくに呼んでくれました」

大学では体育会でゴルフに明け暮れ、就職したのは父・清平が興した朝日イブニングニュース社。朝日新聞社に譲渡し、父は取締役に就いていた。

「弘田三枝子がアメリカの曲をカバーした『VACATION』が流行っていてね。日系二世の上司だった芝拘平《しばこうへい》さんの前でその曲を歌うと、『キミ、バケーションじゃないよ。ベイ・ケイ・ションだ』と満座の前で正《ただ》された。『親父は英語の達人なのに、俺は……』なんて落ち込んでいたら、『アメリカを見てこい』って。芝さんから半年間の海外取材旅行を命じられたんです」

羽田からJALのプロペラ機でハワイに降り立ち、ワイキキビーチへ。

「マイタイをロイヤルハワイアンのバーで飲んでいたら、日系らしきおじいちゃんが、『ユー・ヒモジイか?』って話しかけてくる。『イエス……少し、ヒモジイ』と、もぞもぞして応《こた》えたら、BLT(ベーコン、レタス、トマト)サンドイッチをおごってくれた。忘れもしません。初めて英語が通じたんです」

外貨の持ち出しは五百ドルまでと決まっていた。そこに会社の支度金二千ドルと、さらに闇ドル五百ドルを持ち出した。もちろん秘密裏に。それでも長くはもたない。

「こうなったら自分で金を作ろうって、日本で買ったファーストクラスのエアチケットを向こうでエコノミーに替えました。すると差額が返ってくる。払ってくれた親父には申し訳ないけど、背に腹は代えられない。ファーストクラスで飲めるジョニ黒は諦めました」

ハワイからパンナム機でサンフランシスコに着くと、名門商社の駐在員が「よく来た！」とパーティーを開いてくれた。

ロサンゼルスでも歓迎会。三田の先輩たちだった。観光客などほとんどいない時代で、みんな同輩に飢えていた。

「ハリウッドでディーン・マーティンが経営するバーを覗き、サンセット・ストリップでTVドラマ『サンセット77』のテーマを口ずさんだり、ラスベガスまで足を延ばしてギャンブルですっからかんになったり。それは楽しかった」

だが、そんな経験ばかりではなかった。

「サンタバーバラの小さなホテルに泊まろうとしたとき、『ホェア・フロム？』と訊かれ、『トーキョー、ジャパン』と答えたら、『……ウェルカム』といかにも取りつくろった感じで迎えられたんです。戦争の影がまだあったんだな。日本人は若く見えるでしょ。まだ少年と思われてね。『日本に原爆を落としてしまい、申し訳ない』と家に招かれたこともありました」

そんなアメリカ人家庭のリビングに鎮座していたのが大きなテレビだった。その傍らには「TV GUIDE」。

ふと、「この雑誌は?」と手にしたことが、新しいビジネスのきっかけになる。

奥山は「TV GUIDE」編集部のあるニューヨークに向かった。

奥山忠　東京ニュース通信社相談役 ③

父と観た東京オリンピック

昭和三十六（一九六一）年、「TV GUIDE」の存在を知った奥山忠はニューヨークに足を延ばし、編集部を訪ねた。「TV GUIDE」の発行部数は全米で七百万部を誇っていた。

「タダシ・オクヤマ、君はいいところに目をつけたな。これほど取材費のかからないウィークリー・マガジンはないぞ」と編集次長がウインクした。

「CBS、NBC、ABCとすべてのテレビ局が資料をもってくる。こっちはそれを載せるだけなんだから」

日本版を刊行するべく意気揚々と帰国し、翌年八月に「週刊TVガイド」を創刊。高橋圭三にタキシードを着せて表紙にした。

ところが……。

「まったく売れなかった。十万部刷って、七万五千部が返本。銀座でやけ酒です。翌週売れたのはたった一万五千部……」

トホホ、とうなだれる息子を父で社長の奥山清平が叱咤する。

「お前のようなガキがやったって最初から売れるわけがねえぞ。とにかく頑張れ!!」

窮地《きゆうち》を脱するきっかけになったのが、東京オリンピックだった。

「忘れもしない昭和三十九（一九六四）年十月九日号。これがとんでもなく売れました。新聞のラテ欄は全中継スケジュールを載せていなかった。国民にとって一番大事な女子バレーボールの『日本対ソ連』にしても、その中継時刻を誰も知らなかったんです」

五輪特集号には放送スケジュールはもちろん、見どころ、注目選手、競技ルールの指南、マラソンコースや各競技場へのアクセスと、まさに「かゆいところに手が届く」内容にした。

五輪特集の準備のため、その年の夏はがむしゃらに働いた。酷暑の中、汗をかき、ワイシャツの袖をまくって日焼けした。仕事を終え、編集部を出ると冷えた一杯を求めビアホールへくり出す日々だった。

編集部員と一緒になって特集号を完成させ、十月十日、父と国立競技場での開会式に臨む。

「第十八回近代オリンピアードを祝い、ここにオリンピック東京大会の開会を宣言します」と昭和天皇が宣言し、航空自衛隊ブルーインパルスが五輪の色を描いた。

胸元に日の丸のランニングに短パン姿の早稲田大学一年生、坂井義則が聖火を掲げ、「世界中の青空を、全部東京に持ってきたような、素晴らしい秋日和でございます」とＮＨＫアナウンサーの北出清五郎が誇らしげにマイクに向かった。

「本も売れたし、オリンピック様々です。大きな青い空の五つの輪を見てね、もう泣いたよ。親父と『俺たち、幸せだな』って」

奥山は、厳しくも優しかった父との思い出を語りながら、執務室でビング・クロスビーのレコードをかけ、ジンのオンザロックを傾けた。高校時代、母からせしめた小遣いで買ったビングだった。そして話題はクラブ「姫」でのエピソードに。

「オリンピックの次の年でした。エスポワールやおそめにも行っていたけど、今度は姫だって、うちの専務と電通の部長とでカウンターに座ってね。奥の方にプロ野球選手がいた。どうせならこっちも高くてカッコいいのをとナポレオンのコニャックを頼んだら、三人一杯ずつで十七万円!! 驚いちゃった。ママの山口洋子さんと信越本線に乗り合わせ、『あれ、高いよ。頭きちゃったよ』って文句を言ったら、山口さんが『あのね、』と一呼吸おいて、『野球選手のお客さんはキャッシュなの。わかる?』。そんなものかと、ツケだったこっちは黙ってしまったなぁ」

銀座のクラブが華やかなりし頃の逸話である。

インタビューに立ち会っていた奥山の秘書が「若い時分、相談役は相当銀座で鳴らしたんじゃないですか、女の子にモテて」と冷かすと、「いやいや、それはないって。女の子と同伴出勤なんてたった一回もございません‼　映画や小説みたいに『熱海にでも行こうか』なんて店の女の子に囁いて関係ができてバーを持たせて……。そういうことをやったことはございません‼」と照れ笑い。

「相談役の人徳なんですよ。とにかく話が面白くて、ダイナミック」と秘書も笑った。

奥山が結婚したのは三十一歳のとき。見合いだった。相手は二十一歳の大学生。

「妻にはいまだに文句を言われるんですよ。結婚のせいで大学卒業しそこねたってね」と頭をかく彼は恐妻家とみた。

「TVガイド」創刊六十周年を記念して出版されたのが『TVガイド表紙集』。帯には「表紙でよみがえる、テレビとあなたの歴史」とあるが、よくもまあこれだけの時代の顔が表紙を飾ってきたものである。

加山雄三、長嶋茂雄、王貞治、鉄腕アトムにウルトラマン、沢田研二、郷ひろみに西城秀樹、山口百恵、ピンク・レディーと、昭和の芸能界、プロスポーツの歴史そのものでもある。

奥山は社長に就任すると、社団法人東京青年会議所二十五代理事長として地元東京の地域の発展にも取り組んだ。彼が関わった小学児童交通事故撲滅運動はいまも語り継がれる。そんな企業人としての活動で政財界とのつながりも深く、自民党副総裁の麻生太郎は学生時代の後輩である。

「五つ下なんだけど、昔っから生意気なやつでねぇ」と苦笑する。

「久しぶりに会ったんだけど、俺のことを『オクチュウ』って呼ぶんだよ。二回『オクチュウ』って言って、なにか察したのか、三回目が『オクチュウさん』。かえって失敬だよ、いっそ三回目も『オクチュウ』だったら、見上げたものだと褒めるところだったのに」

昭和の快男児にこれからのテレビ界について訊いた。

「黄金時代は終わったといわれる。でもね、真実のみが人に感動を与えるんだ。面白ければ誰もが観たい。これだけは変わらない。俺は俺でこの部屋で葉巻を吸いながら、倅《せがれ》（現社長・奥山卓）の活躍を見守っているんです」

そう言って相談役室の大きな窓から夕暮れの新橋演舞場を見下ろした。

樋山雄二　コッペリア　静香①

杉村春子に一世一代のもてなし

元

NHKアナウンサー山川静夫、俳優の中尾彬、大相撲解説でお馴染《なじ》みの舞の海秀平をはじめ、多くの文化人、芸能人に愛された銀座のバー、コッペリアが二〇二二年師走、約半世紀にわたる歴史に幕を下ろした。

〝静香〟という源氏名を捨て、本名樋山雄二に戻った彼は、店を閉めて以来銀座にほとんど来ていないという。

「ぜひ話を伺いたいのです。昼間ならいかがでしょう」とのこちらの甘えに応えてくれて、白いタートルネックに細いブレスレット、モスグリーンのストールを巻いた姿で現れた。トートバッグのオレンジが鮮やかに映える冬の午后だった。

東京生まれらしく、さっぱりとして執着を見せない。卓越した傍観者とでも言おうか、笑顔を絶やさず客と当意即妙の間合いを取りながら、昭和、平成、令和、それぞれの時代の銀座と付き合ってきた。

グラスビールの細かな泡を見つめながら、「いつの間にか昔の銀座を知っている最古参になっちゃった」と口にする。

樋山は昭和二十五（一九五〇）年、豊島区椎名町に生まれた。その二年後に近所で竣工したのが、手塚治虫をはじめ昭和を代表する漫画家が青春時代を過ごした、木造二階建てのトキワ荘である。

「ちばてつやさんや石森章太郎さんをよく見かけました。漫画といえば『ジュニアそれいゆ』が好きでね。父がよく買ってきてくれた。内藤ルネがお気に入りでした。父は女の子みたいな私を否定しなかった。『あたし』と言っても叱らなかったし、頭に風呂敷をかぶって美空ひばりを唄《うた》えば喜んでくれた。ホテルのコックをしていて、担当はフレンチ。職場のキッチンにも連れて行ってくれて、当時はまだ珍しかった生ハムを食べさせてくれたり。とっても優しい父でした」

高校時代にビートルズの洗礼を受けた。

「地元のレコード屋の店頭から流れてきた『シー・ラブズ・ユー』を聴いて、なにこれ！って興奮して、草履袋を道端に落としちゃった。それまでは舟木一夫や三橋美智也一辺倒だったから、あまりの衝撃。チケットを握りしめて武道館の来日公演にも行ったわ。映画『ビートルズがやって来る ヤァ！ ヤァ！ ヤァ！』を観にいったら、スクリーンに向かって女の子たちが叫んでいた。負けちゃいられないって、私もキャーって叫びましたよ」

人を喜ばせ、話をするのが好きな少年だった。

「高校を出ると喫茶店でアルバイトをし、美容師になりました。接客の仕事に就きたかったんです。ゲイの友人が六本木ロアビル地下の『バルカン』という店で働いていた。働き者でね、夜は銀座でバーテンダーをやっていた。だから私も銀座に来たの」

当初、新宿二丁目の店も考えたが、「銀座においでよと先輩のアドバイスもあって」、この街に縁ができた。

猫の額ほどの、たった三坪の小さな店だった。目の前にビールケースが積み上げられた狭い店内で、マシンガントークをしていたら、「たまたま隣の店で飲んでいたんでしょう、（落語家の）林家こん平さんがドアを開けて、『うるせえな！　静かにしろ！』。一瞬、キョトンとしちゃった。でも、待てよ、『静かにしろ』？　源氏名にいいじゃないって。それから静香と名乗った次第です。先輩たちはチャーリーとかシャーリーとか、そんなのばかり。静香は日本の名前で自然体でしょ」。

戦後の銀座とゲイバーの関わりを訊いた。

「『やなぎ』では、ゲイが鬘《かつら》をかぶった芸者の恰好で三味線を弾き、長唄を唄っていました」

その「やなぎ」を贔屓《ひいき》にしたのは俳優京塚昌子や江戸川乱歩。ピエール・カルダンも来日中は足を運んだという。

「男の格好で店を始めたのは『やなぎ』のOBたち。『青江』や『吉野』という有名な店ができました。そこからです、みんなボーイッシュになったのは」

三島由紀夫が『禁色』で登場させた「夜曲」も有名だった。三島が丸山明宏（その後、改名し美輪明宏）が出会ったのもこの店だ。

樋山が『コッペリア』に入ったのは二十四歳のとき。昭和四十九年十月十日、体育の日で六曜は友引だった。

「お客はみんな一人でやってくるの。昭和の男は無口でね。お酒飲んで、煙草を吸って。こっちはゲイだから警戒されてもいる。なんだかシーンとしちゃってね。それで私、考えたの。トークしかないじゃないって。人を好きになったら一生懸命その人のことを考えるでしょう。だからまずお客を好きになる（もちろん人間としてよ！）。

よく日経新聞を読めっていうでしょ。でも私にはチンプンカンプン。芝居や映画の話は好きだったから、そこで勝負するしかないって」

暇を見つけては映画館に足を運び、芝居を観て読書に励んだ。銀座はエンターテインメントの街である。日本有数の劇場や映画館、書店もたくさんあった。

もう一つ、オリジナルメニューも考えた。当時の銀座にはフランス料理や鮨屋といった高級な店がほとんど。

「同伴しても、女の子とちょこっと食べるところがなかったのね。そこでオイルフォンデュを思いついた。野菜や海老、肉を串に刺して温めたオリーブオイルにくぐらす。これが受けて、お客様も増えていきました」

ある日、文学座の北村和夫が杉村春子を連れてきた。

「杉村先生がいらしたのは、忘れもしない一九八九年の十月でした。『麦秋』などの小津映画はもちろん、『欲望という名の電車』（テネシー・ウィリアムス）の舞台も日生劇場で観ていた。だから私、思い切って先生の前で主人公ブランチ・デュボアのセリフを諳《そら》んじたの。

『私はある日、大海原の上で、洗ってないブドウを食べて死ぬの。死ぬとき、私の手を握ってくれているのは、ハンサムな船医さんよ、そう、小さなブロンドの口ひげを生やし、大きな銀時計をもった、若い船医さん……』」

セリフを言い終えると、昭和の大女優が微笑《ほほえ》んだ。

「嬉しいわ。ありがとう。それにしても静香さん、あなた、よく覚えているわね」

「だって先生の舞台、もう十八回も拝見していますから」

バーの名称コッペリアはバレエの演目でもある。パリ・オペラ座で初演された喜劇だ。

止まり木を求めるように店に現れ、なごむ客を眺めてきた静香だが、そこにはコッペリアよろしく喜劇があり、はたまた切ない悲劇もあった。

樋山雄二　コッペリア　静香②

太地喜和子のただならぬ飲みっぷり

源

氏名静香こと、樋山雄二が語れば銀座の人間模様が立ちあがる。思い出話が、そのまま一つの銀座史だ。

杉村春子と文学座に入団した太地喜和子のただならぬ飲みっぷりも忘れられない。

「席に座るなり、『よし飲むぞ！』」

そう言って気合いを入れ、グラスの前で腕をまくった。

「喜和子は男なの。芸能人だと思って他のお客がからかい半分で奢ってやると声をかけても、『は？　何？　私は一人で飲んでいるのよ！』って断っていた。お酒の量？　底なしよ！　きっぷがいい方でした」

アフターで客と店にやってきた夜の女性のエピソードも印象的だった。

「アフターといえば、お客にとって一番嬉しい時間です。女の子にしても、客が嫌いならアフターまで付き合わない。でも、そこではぎりぎりの貞操が求められる。野暮な客がしつこくて困っているときには、客がトイレに行っている隙《すき》に『早く逃げちゃいなさい』って小声で言ったりしました」

ある夜、コッペリアに姿を現したのは、有名クラブでナンバーワンと噂の子だった。

「いかにも羽振りよさげな客と一緒でね。『あの子、何度誘っても家に入れてくれないんだよ』ってお客がシュンとしている。あまりに可哀想なので、お開きになってからそのお客につき合って女の子の後をつけたの。

するとと彼女は長屋の前でタクシーを降りて、『お母ちゃん、ただいま』って格子戸をがらがらと開けた。老いたお母さんと年端も行かない子供が待っていたのね。これじゃあ家には入れないねって、そのお客と近くの居酒屋に飲みに行ったわ。なんだかしみじみしちゃって」

名取裕子似の美人だった。

「その子、親分肌で私の店でしょっちゅう鮨の出前を取るのだけど、自分は食べない。店への振る舞いだったのね。昭和の女にはそんな恰好よさがあった」

芝居がかった、普通ではない光景が銀座では夜な夜なくり広げられた。

「ツケが溜まっているのに、どうにも勘定が払えなくて裏口から逃げる方もいました。そんなときはあらかじめ裏口に人を張りつける。

ハンサムでかなり身なりのいい男の勘定が滞っていたこともあった。私、つけたの、その男を。下町のほうだったかな。いまにも倒れてしまいそうな安普請のアパートだった。その人、家に着くと一呼吸おいて、『ただいま』って呼び鈴を鳴らした。出てきたのは赤ん坊を背負った奥さん。さすがにお金をいただくことはしなかったわ。もう、四十年前のことです」

店にとっていい客とは？

「混み合ってきたら『じゃあ』と、さっと席を立ってくれる人かな。バーの空間には限りがあるから。これが一番大事なのね」

店は土曜も営業した。休日に客はいつもとは違う顔を見せる。妻を連れてくる客もいた。

「うちの主人は、こんなによく喋る人だったのね」と奥さんに言われると嬉しかった。

接客のコツはただ一つ、相手の話を遮《さえぎ》らないことだという。そして、語尾の「です」「ます」をきちんと聞いてから相槌《あいづち》を打つ。

「言葉は文化であり、パーソナリティーだから、大事にしないと」

芸能人のあしらいは、もうひと工夫必要だ。

「だって、彼らの心理を考えてみなさい。いきなり握手を求められても嬉しくない。でもね、注目されないのも嫌なの。それが芸能人。ほったらかしにはできないね」

昭和、平成とＮＨＫ紅白歌合戦の総合司会を務めたアナウンサー山川静夫は、子供の頃からファンだった。

「『お目にかかれて嬉しい！　よくいらっしゃいました。私、山川さんの誕生日まで知っています！』と駆け寄ったら、さすがに警戒されました」と笑う。

俳優の中尾彬もコッペリアの常連だった。

「本当にお洒落な方です。冬場は『チロル』のトレンチコートを着ていらした。どっしりと堅くて。そんな本物が似合う方」

並木通りのチロルはもともと舶来のスポーツ用品店。中尾以外にも岡本太郎、フランキー堺、越路吹雪、一九六四年の東京オリンピックのポスターを手がけたグラフィックデザイナーの亀倉雄策らが通ったが、常連中の常連といえば、なんといっても伊丹十三だった。ベストセラー『ヨーロッパ退屈日記』で紹介したヨーロッパの品物を店に持ち込み、オリジナル商品を作らせたりした。

銀座にはいろいろな客がいた。半世紀にわたる日々は楽しいことばかりではなかった。

「お前はゲイだ。気持ち悪いから、帰りな」と罵倒されたこともある。

「でも、耐えに耐えた。あのとき我慢できたからいまの私がある。この商売は、お客様にお金を使っていただいてなんぼのものですから」

客が小さな花束を抱えて定年の日にやってきたこともある。

「『今日は退職だから安くしてくれよ』って言うの。でも私、『だめよ、そんな態度で来ちゃ』って返したの。『ひでぇな』って文句を言われながらいつもの金額で勘定書を出したら、『安くしてくれてどうもありがとう』だって。この人、いままで払ってきたお金に無頓着だったんだと思った。それなのに今日は安くしてくれなんて言っている。そういう方のお金はいただきたくないなって思いました」

静香の半生に耳を傾け、気がつくと夕刻になっていた。

閉めた店は耐震工事に伴う再開発でいずれ立ち退かなければならない話になっていたという。

昭和四十九年から足かけ四十九年。「もう少しで半世紀だったのに残念ですね」と水を向けても、「そんなこと考えもしなかったわ」とあしらわれた。

「昔のお客様には文化があった。芸能人でもサラリーマンでもそれは同じ。そういう人はいなくなっちゃったし、もう潮時だったかもしれない。私にとって銀座は働く場所だっただけ。仕事もないのに来てもしようがないでしょ」

銀座で静香と呼ばれた男はそう呟くと、ストールを首元に巻いてチェスターコートを羽織り、じゃあ、またどこかでと、暮れなずむ銀座の雑踏に消えていった。

渡辺佳英 大崎電気工業会長①

「舞姫」で学んだ夜の社交

「銀座ですか？　そんなに知らないですなぁ」

大崎電気工業の渡辺佳英が照れ隠しのようにはにかんだ。

「うちは電気メーターを電力会社に納めているものだから、派手さとは無縁だよ」

渡辺が会長を務める大崎電気工業は一九一六（大正五）年に創業。電力の計測・制御を生業とし、電気を使う場所には必ず設置されている電力量計（スマートメーター）は国内トップ、世界的スマートメーターメーカーＥＤＭＩ社（Electronic

Distance Measuring Instrument）を傘下に、オセアニア、ヨーロッパなど百以上の国と地域で事業を展開するグローバル企業である。

本書にも登場した東京ニュース通信社の奥山忠相談役が、「渡辺君に話を聞くといい。彼は頭が良くて面白いぞ。しかも、仕事ができる！」と太鼓判を押していた。

渡辺は奥山にとって慶應義塾大学の後輩、またＪＣ東京（東京青年会議所）理事長としても後進である（奥山は第二十五代、渡辺は第三十八代）。

「ＪＣでペーペーだった頃は、小坂不動産の小坂武雄さん、虎屋の黒川光博さんなど錚々《そうそう》たる先輩方がいました。とりわけ十五歳上の奥山先輩にはとことん可愛がっていただきました」と懐かしげに語る。

「いまはこんなになっちゃったけど」と自分の頭を指さしながら、「若い時分はまだ、ふさふさだったんです。でも、奥山さんが『渡辺のほうが危ねえな』って私の頭をしげしげと眺め、六本木のあるヘアサロンに連れて行ってくれた。アメリカの先住民にハゲはいない、嘘か本当かわからないけどそんな話があって、彼らが大事にしているという植物のエキスの入ったシャンプーを買い、月一回のマッサージに二人で通ったりね」と笑う。

「その店がなくなって十年くらい経った頃かな。『お前、あのシャンプー持っているか？』と奥山さんから突然連絡があって、『いや、俺もいよいよ髪の毛が危なくなってきたんだ』と言う。私にはもう髪の毛はありませんが、シャンプーならまだ残っていますよって答えたら、『だったら米倉に置いておけ』って」

身だしなみを大切にする紳士であれば、銀座五丁目の理容室「米倉」を知らぬ人はいないだろう。一九一八（大正七）年開業以来、松下幸之助など財界人をはじめ、政治家の河野一郎、初代中村吉右衛門、作家野坂昭如、山口瞳、丸谷才一らが贔屓にした理髪店である。

「私が銀座をウロウロしだしたのは八二年からかな。（木村屋總本店六代目の）木村周正《ちかまさ》さんがＪＣ東京の親分だった。バブル景気に入るちょっと前です。クラブの

『舞姫』にはJC料金っていうのがあった。連れ立って行くと安いんです。一人一万円。個人ではとても高くて入れません」

舞姫といえば、高度成長の波に乗って業績を上げた財界人が集う「夜の商工会議所」である。日本経済を背負うことになる若い経営者たちは、この店で酒の飲み方や振る舞いのイロハを学んだ。

「バブルに入ると日本全体が浮き足立った。夜の銀座も同じです。ブランデーのルイ十三世を、大きな器にドボッと入れてフルーツポンチにしちゃうんだから仰天した。ボトルキープができないシャンパンは、ポンポンその場で開ける。そりゃあ金融や不動産関連は儲かっていましたよ。でも、うちは関係ない。株には手を出しませんでしたから」

渡辺は慶應義塾大学工学部を卒業後、英国のロンドン大学に留学し、シティで金融界を間近で見ていた。「だから、株のからくりや恐ろしさを知っていたのです」

その後、スマートメーターを扱うスイスのランディス・ギアで働き、帰国後は野村総合研究所に籍を置いた。

そんな履歴を聞いて、道理で垢抜けた着こなしをしているはずだと感じた。

見るからに仕立てのよさそうなチャコールグレーのスーツ、黒革ベルトに白銀の文字盤のグランドセイコー。ドミニク・フランスのネクタイはウグイス色の地にウサギのマークが縫い込まれている。

「今年はウサギ年だからね。ちょうど十二年前に銀座のデパートで買いました。このブランドが気に入って、パリの本店を訪ねたけどネクタイは売られていなかった。どうもネクタイは日本でしか手に入らないみたいだ。ほら、形も織りも悪くないでしょう？　気に入ったものは、大切に長く使うんです」

渡辺は団塊の世代である。一九六〇年代後半、ベトナム反戦運動など若者たちの政治の季節が学生時代に重なる。

「慶應の矢上キャンパスに入学したのは六八年。その途端にストライキが始まった。十一月まで続いて、解除された十二月には試験です。気が狂いそうになるくらい勉強しました。で、翌年から小金井キャンパスに通うことになったんだけど、もうそこには（学生運動の）立て看板はなかったな」

　麻布の自宅から郊外の小金井へにはクルマで通学した。都心から府中・八王子方面へ、甲州街道のバイパスとなっているのが東八道路だ。

「東八が当時は工学部の手前で終わっていてね。電車だと武蔵小金井駅から校舎まで十五分かかる。

　はじめはブルーバードに乗っていたんだけど、目黒の元競馬場あたりでタクシーに追突されてしまった。『あ、まだ生きている』って、おまわりさんがクルマを覗いてつぶやいていたのを覚えています。病院では全治一週間の診断。翌日から痛みで首が回らなくなった。クルマは全損です。そこで、父親が事故に遭《あ》っても潰《つぶ》れないクルマを買ったんです。ボルボのアマゾン１２２Ｓ。形はクラシックだけど、馬力があって、あれは速い車でした」

渡辺佳英 大崎電気工業会長 ②

「中東の笛」騒動

渡辺佳英が慶應義塾大学に入学したのは一九六八年。いわゆる付属校からの内部進学である。

母校は埼玉県志木市の慶應義塾志木高等学校。大学はその土地に農学部を置く予定にしていたこともあり、「一年生のときは田植えの授業もありました。サツマイモやカボチャも栽培した。持って帰ると親が喜んでね。でも、じきに農業の時間はなくなって、担当の先生が事務方に回っていました。地方から入ってきた学生のための寮もありました」。

当時の志木高では二年進級時に文系のAコースと理系のBコースに分かれた。

「文系しか行けない成績とわかって親父に叱られて、もう一年、理系を勉強しなおした。普通なら、落第したやつはBコースになかなか進めない。これはちょっと自慢だったな」

現在、志木高の偏差値は上がり、日吉にある慶應義塾高校を凌《しの》ぐ勢いだ。

「それは卒業生が優秀だからねぇ」と一笑。「優秀」な同校OBには、衆議院議員の逢沢一郎、ミュージシャンの櫻井哲夫、千疋屋総本店社長の大島博らがいる。

慶應を卒業して二十年経つと、全塾員の同窓会組織、慶應連合三田会（通称・連三田）のフェスティバルを仕切る役員が回ってくる。

「私も連三田の副会長をやらされました。卒業二十年目のパーティーではみんなで『若き血』を合唱し、それはそれで感動ものなんだけど、閉会の挨拶で自己紹介したら、『あれ？』ってまわりがざわついている。『渡辺は一年先輩だと思っていたのに、なんだ、同級生じゃないか』って。高校での一年落第がバレた瞬間でした」と頭をかく。

「在学中は慶應を意識することはなかったけど、卒業するといろいろ声がかかって」、慶應義塾評議員や慶應義塾大学理工学部同窓会会長を務めるなど母校に尽くした。

「それにしても、『同窓会』という呼称なのですか? 『三田会』ではなく?」と水を向けると、「だって、われわれは三田キャンパスには通わなかったからね」と言う。「(三田校舎にある食堂の)山食だってどこにあるかも知らない。(信濃町の)医学部も三田会とは言っていませんよ」

頼まれたら断れないたちで、東京青年会議所理事長、東京都公安委員会委員長、東京タクシーセンター会長、日本オペラ振興会理事長、日本ハンドボール協会名誉会長、アジアハンドボール連盟第一副会長など、理事職を含めると肩書は二十を下らない。

大崎電気工業本社の役員応接室は日当たりが良く、クリスタル・ガラスの招き猫の傍らに「第六十八回 国民体育大会ハンドボール競技 成年男子優勝」のトロフィーが誇らしげに飾られていた。

「父が高松宮殿下ご夫妻とゴルフをご一緒していて、『あなたの会社でハンドボールをやったらどうか』と言われましてね。六十年ほど前のことです。そこで社内にチームを作った。無敵でした。といっても、当時実業団チームはほとんどなかったけど（笑）。父が他界した後も、遺志を継いでハンドボールは社として取り組んできました」

日本ハンドボールリーグに属する大崎電気工業男子ハンドボールチームのニックネームはＯＳＡＫＩ ＯＳＯＬ（オオサキ オーソル）。日本選手権優勝十五回、全日本社会人選手権優勝十九回、国体優勝が二十四回の名門で、宮﨑大輔や永島英明ら日本代表選手も輩出している。

渡辺が国際ハンドボール協会の理事時代、「中東の笛」という判定疑惑の渦に巻き込まれた。

二〇〇七年から二〇〇八年にかけ、北京オリンピックのアジア予選が愛知県豊田市で開かれた際、日本とクウェートの対戦で審判がクウェート寄りの笛を吹いて問題視され、オリンピック予選やり直しにまで発展する事態になった。

当時、アジアハンドボール連盟は中東諸国の理事が過半数を占め、公平をモットーとするアマチュアスポーツ界で中東贔屓の判定が疑問視されていた。潤沢なオイルマネーで中東諸国は大会のクライアントになり、その見返りに競技連盟の役員に名を連ねていたのである。

「韓国対クウェート戦でも疑惑の判定でした。そこで日本と韓国はＩＯＣ（国際オリンピック委員会）に抗議文を送り、パリで開かれた国際ハンドボール連盟の理事会でやり直し予選が認められ、結果的にクウェートがオリンピック代表権を失う事態になったんです」

やり直し予選に参加した国は除名などの制裁を科すとするアジアハンドボール連盟による脅しもあったが、再試合は決行された。

「日本のマスコミも沸騰しました」

こうした一連の出来事から、国際スポーツイベントでの判定や対戦カード、会場や日程に関してアラブ諸国に有利と思われる事態が「中東の笛」と呼ばれるようになった。

渡辺も記者会見に駆り出され、テレビで中継されて一躍全国区の顔に。

「NHKニューストップにもなってしまってね。おまけにテロップに私の年齢まで書いてある。いつも私の顔を見もせずにカルテばかり書いているかかりつけ医に『渡辺さん、このところずいぶんテレビに出ていますね』と言われたりして、このお医者さん、僕の顔を覚えていたんだと変なところで感心したり」

報道の時期は年末年始に重なり、家族は自宅に揃っていた。

「私がテレビ画面に映ると、家内は『今日も報道してるわね』と心配顔。娘たちは『うちのパパが出てる！』とはしゃいでいました。謝るほうじゃなくてよかった、と思いました。いたるところでマイクを突きつけられるのにも途中から慣れ、自分の意見を臆せず話すことができるようになった。結果としてハンドボールという競技が注目されるきっかけになったのは、よかったかもしれません」

渡辺佳英 大崎電気工業会長③

エスポワール、みつばち、クラブ太田

渡辺佳英が会長を、七歳下の弟光康《みつやす》が社長を務める大崎電気工業は、もともと佳英たちの祖父が興した会社だ。

「電源を安定させるために配電盤を整備し、軍需工場に納めていた。空襲でなにもなくなり、終戦後、計測器製造を始めたのを父が継ぎ、私が繋ぎ、いまは弟です」

品川にある本社役員応接室のモダンさには目を見張った。

イタリアを代表する建築家レンゾ・ピアノとともにヨーロッパで活躍、日本では関西国際空港旅客ターミナルや小田急ロマンスカー「ＶＳＥ」「ＭＳＥ」「ＧＳＥ」、箱根登山鉄道「アレグラ号」を手がけた岡部憲明《のりあき》のデザインだという。

「うちは計測器の会社だけれど、少しばかりアートをと思ってね」

役員フロアや廊下の内装は水族館のようで、現代アーティスト、キム・ボンスの彫刻など、ところどころにアート作品も置かれている。

そんな渡辺が東京青年会議所に入ったのは一九七七（昭和五十二）年。付き合いもあって、時折銀座のクラブにも足を運んだ。

よく覚えているのが「エスポヮール」。川口松太郎の小説で、映画化もされた『夜の蝶』のモデルとなった店だ。

日本経済が高度成長の波に乗った時代、財界人やビジネスマンが集う高級クラブのママがスター扱いされたが、エスポヮールの川辺るみ子は夜の銀座のリーダー的存在で、京都から進出してきた「おそめ」の上羽秀とのライバル関係が有名だった。

小説『夜の蝶』で、川辺るみ子は「マチ」と名づけられ、「背の高い派手な顔立ちで客扱いが図ぬけてうまい。一流の政治家や文士や人気芸人を、友達のように扱って、落ちこぼれのない商いをして銀座中のナンバーワンだ」と描写された。

一方、週末は京都の店へ、月曜には銀座へと飛行機を使うことから「空飛ぶマダム」と呼ばれた上羽秀は「お菊」として登場。「京都の酒場経営に成功した祇園芸妓のお菊が、東京へ店を持つ。この噂が、いまの銀座の中心話題だ。誰もが少しずつ焼き餅を焼く」とある。

「エスポワールは、落ち着いていて大人の店でした」と渡辺は回想する。

「木村周正さんのカバン持ちとして連れて行ってもらったのが最初だった。僕ら下っ端は一階に、偉いお歴々は二階に案内される。いまと違って歴然たる格差があったんです」

地方にも若かりし渡辺を可愛がってくれたママたちがいた。

中でも思い出に残るのは、福岡・中洲の「みつばち」の武富京子ママ。佐賀の出身で、井伏鱒二が贔屓にした。

「父がよく通っていてね。その息子ということで気に入ってくれた。明るくて豪快、親分肌のママでした。ご主人は文化勲章受章者の洋画家、野見山暁治さんです」

野見山は東京藝術大学名誉教授でもあり、妻の店の経済的支援も惜しまなかったという。ちなみに野見山の妹は作家、田中小実昌に嫁いでいる。高級クラブは文壇やスポーツ界だけでなく、画壇とも結びついていた。

「それからユニークで面白かったのは、大阪の『クラブ太田』。ママは太田恵子さん。すでに引退されていて、東京で武富ママに紹介されました」

川口松太郎も関西に足を運ぶとクラブ太田に顔を出した。自分の小説が舞台にかかれば稽古の合間に食事を運んだり、クルマを手配したりと何かと世話を焼いてくれる彼女を「大阪女房」と呼んで可愛がった。

太田恵子には愛嬌と苦労人らしい情け深さがあり、今東光・今日出海兄弟、井上靖、源氏鶏太、文藝春秋社長池島信平、産経新聞記者福田定一（のちの司馬遼太郎）らも足しげく通った。

「何しろ桁違いなんだ、恵子ママは。アメリカやヨーロッパの視察旅行に出かけたり、オペラのホセ・カレーラスのおっかけをしたりね」

海外旅行など夢だった一九六〇（昭和三十五）年、太田恵子は「みつばち」をオープンさせたばかりの武富京子と連れ立ってパンアメリカンのファーストクラスで洋行した。

壮行会には在阪の財界人二百人が集まった。会の案内状には、今東光が文章を寄せている。

「関西と鎮西に名も高き勇婦ふたりが、いよいよ欧米へ武者修行にゆくことに相成りました。はじめは快適な冗談だと思って居ましたが、四月馬鹿の日に羽田を出発するのが本決まりと相成り、これはと許り舌を巻いた次第であります。従いまして日本が二か月ばかり静かになるのはいささか寂しいことですが、彼女等の壮途を祝

福したい微意より同志相寄り送別の宴を張りたいと存じます」（『大阪 夜の商工会議所──太田恵子物語』たる出版）

宴の締めには丸紅の社長、市川忍が「各地わが社が世話をしますから、みなさん、どうかご心配なく」と挨拶した（太田恵子は丸紅の前身、大建産業のＯＧでもあった）。

彼女らは各都市でナイトクラブのショーやオペラを楽しみ、デパートでは買物三昧。購入した家具は船便で送ったという。

「いまはもう（銀座の）クラブ活動はほとんどありませんね」と渡辺は言うが、「それでも、ときどき食事に行きますよ。和食といえば本店浜作かな、父の代から。洋食なら南蛮銀圓亭。

目抜き通りからは本屋や音楽関係の店が少なくなって残念ですが、そういう時代になったんだね。でも教文館と山野楽器が健在でうれしいですよ」

渡辺の巧みな話術に導かれ、高級クラブのママが活躍した昭和の日々を紐解けば、平成・令和にはない煌《きら》びやかでどこまでも粋な大人たちの会話が聞こえてくるようだった。

沢知美 歌手・女優①

テレビ・ラジオ、映画にレコード

きりっと小粋な女性を「小股の切れあがった女」と呼ぶが、沢知美は、まさにそんな人だ。

「歳をとっても、お洒落はやめたらダメ」が口癖。手入れされた美しい爪、クロコダイルのハンドバッグに、モノグラムのワンピースが似合う。

取材は三月の終わりで、椅子に座りキャメルのコートをさりげなく置く様子は、銀座に育てられたレディならではの存在感だ。

並木通りのラウンジから銀座の街を見下ろし、「書かれて困ることなんて、私の人生でなにひとつありません」と呟いた。

一九四七（昭和二十二）年生まれ。十七歳で西武百貨店が売り出したブランド、ミス・プレタポルテ主催のコンテストで優勝し、ご褒美のフランス旅行で現地のファッション・ショーに出演した。

しかし、「なんだか異国が怖く、どこかに売られてしまうんじゃないかって、たった二週間で帰国しました」と苦笑する。

「そもそもコンテストだって、姉が勝手に応募したものだったし」

彼女はまだティーンの少女だった。しかし、本場のファッションはしっかり学んで帰ってきた。

「マイクロミニとブーツが流行っていた。パリの往来は色とりどりのお人形さんが歩いている感じでした。私はそれをそのまま真似したの」

銀座の若者のファッションといえばみゆき族が主流で、女性はロングスカートにローヒールだった。そんな同世代を横目に、「私はもっぱら並木通りのジュリアン・ソレルのカフェに溜まっていたわ」。

「ジュリアン・ソレル」はフランス直輸入のランジェリーを売る店だった。アネックスとして作られたカフェには通りに面した大きなガラス窓があって店内は丸見え。そこで仲間たちとお洒落を競いあった。

彼女たちの合言葉は、「銀座並木通りのジュリアンで待ち合わせね」。

「あの頃、大好きだったブランドはロペでした。細身でお洒落だった。もう今は入りません!」

ロペは本書にも登場したJUN佐々木忠の店である。

一九六五(昭和四十)年に映画『高原のお嬢さん』で女優デビュー。舟木一夫と和泉雅子のフレッシュコンビに田邊昭知とザ・スパイダースも登場する日活の青春映画である。『私にいわせて』で日本コロムビアから歌手デビューを果たし、翌年にはTBSラジオの『パック・イン・ミュージック』火曜第一部で深夜放送のDJも務めた。

六〇年代後半は政治の季節。学生運動で世の中は騒然としていた。

「銀座だって大騒ぎ。ヘルメットにマスク姿の学生たちが火炎瓶を投げてね。迎え撃つ警察の催涙弾で涙が止まらないの」

この時代、日本テレビの報道部が主体となって始まった番組に『11PM』がある。当初は硬派のジャーナル番組だったが、いかんせん視聴率が伸び悩んだ。「深夜だから、やりたいことをどんどんやろう」と、放送作家・大橋巨泉のアイディアで、お色気など大人の遊びの要素をとりいれることになった。

結果、言い出しっぺの大橋本人が司会をすることになり、そこにカバーガールとして起用されたのが十九歳の沢だった。

「毎週月、水、金曜の三日間、麴町の日テレのスタジオに二十一時に入り、出番は二十三時十五分。火曜と木曜は藤本義一さんが司会で、読売テレビの大阪出しでした。プロデューサーは井原高忠さん、オープニングテーマを作ったのが三保敬太郎さん。お二人とも慶應ボーイです。♪パー！サバダバ♪のスキャットで始まるお洒落な深夜番組に出演できるなんて、それこそ天にも昇る気持ちでした」

「野球は巨人、司会は巨泉！」

大橋巨泉の軽妙な挨拶と久里洋二のアニメーション。麻雀教室やダービー企画を実施し、詩人の金子光晴、オノ・ヨーコ、評論家の竹村健一に時代小説家五味康祐と文化人ゲストも多彩だった。コマーシャルの直前にニコッと微笑む沢の人気にも火がついた。

「(平凡) パンチや週刊プレイボーイのグラビアには毎週のように載りました。セミヌードは私が初めてだったんじゃないかな。

撮ってくださったのは秋山庄太郎先生や篠山紀信先生。紀信先生はあの頃から強烈なインパクトがありました。私はスタジオでスッポンポンになって、カメラの前に立ったんです」

日本テレビのドラマ『あいつと私』では松原智恵子、川口恒と共演、沢の交友関係は広がっていく。

「収録後はスタッフと飯倉のキャンティにくり出した。週に三、四回。初めてのキャンティはチャックこと川口恒さんが連れて行ってくれました。はじめは恰好いい大人たちがお酒を飲んでいるのを眺めているだけだったのが、慣れてくるとみんなで朝までどんちゃん騒ぎ。

松原智恵子さんのニックネームはチーコ。ブランデーの牛乳割りを『ミルクよ』ってチーコが私に飲ませ、『美味しい、美味しい！』って酔っぱらった私を見て面白がっていたの。家に帰ってから母親に叱られちゃった」と笑う。まだまだウブな沢だった。

「キスシーンでは目を開けたまま。『知美、お前、キスもしたことねぇのか！』って監督に叱られて。こればかりは仕方がないです。だって本当にしたことなかったんですから」

十代から二十代にかけて、テレビ、ラジオ、映画にレコードと芸能界を華やかに駆け抜けた。

結婚は二十八歳のとき。それを潮に自らの青春を彩った世界に別れを告げ、家庭に入る。

しかし、銀座は彼女を離さなかった。沢は自分の名前を冠したクラブのママとして再登場するのだった。

沢知美　歌手、女優②

借金取りの情け

結婚を機に芸能界から姿を消し、銀座からも足が遠のいた沢知美。だが、ほどなくこの街に戻ってくる。

「新居は広尾。娘も生まれ順風満帆と思いきや、夫の借金が発覚。そこからが波瀾万丈だった！」と屈託なく話す笑顔にこちらも身を乗り出した。

「お正月早々、ドンドンドンと玄関を叩く音がしたんです。誰かと思って扉を開けたら、怖い顔した借金取り。新婚で物入りだったから、返すお金なんてありません。新年明けましておめでとうございます、どころじゃなかったわ」

夫は玄関先で黙ったまま立ちすくんでいた。借金取りは、その隣できょとんとしている沢をじろじろ見ると、華やかだった彼女の経歴に気づきでもしたのか、相好を崩してこう言った。

「だったら、その綺麗な奥さんに店を出させろ。それで少しずつ清算していったらどうだい?」

借金取りにも情けがあったのがもっけの幸い。彼らの提案に従って、沢は雇われママとして銀座に店を構える。

「毎晩頑張って、借金一億円を三年半で完済しました」

二人目の子どもが生まれて店を辞めると、「そこでまた借金が発覚したんです。夫はどこまでも人がよくて、今度は友人の保証人になっていたのね」。

伝手《つて》を頼って再びクラブに出れば、持ち前の愛嬌ときっぷのよさに客がついた。自分自身の名前をとって『知美』という店名で独立を果たしたのは、女ざかりの三十二歳のときだった。

「『知美』は電通通りの、地下にイタリアン『シシリア』が入っているビルの八階にありました」

十代から三十代にかけ、毎日銀座に通った。結局、件《くだん》の夫とは離婚した。

「どこまでもギャンブルが好きな人でね、他人さまに借金してまで賭け事をする。『後生だからこれで終わりにしてください』。そう言ってお金を渡しても収まる人じゃなかった。性懲《しょうこ》りもなく、いそいそギャンブルに出かけて行く」

亭主が借金を重ねる話は圓朝の人情噺『文七元結《ぶんしちもっとい》』を彷彿とさせるが、それは落語の世界だからハッピーエンドになるのであって、現実はそうはいかない。夫は本物のギャンブル依存症だった。

「当座の生活費は家に置いておくものでしょう。隠しても隠しても、探し出して持っていってしまう。ほとほと困って姉に相談したら、『だいたい金庫を家に置いておくからいけないのよ』って叱られました。そして、自宅から金庫を持っていかれてしまいました」

そんな苦労とは裏腹に、シングルマザーとなった沢は銀座で笑顔の日々を送る。

「バブル景気で、それはもう半端なく儲けさせていただきました。毎晩ずらりと花束を並べて、威勢良かった。ま、税務署には睨《にら》まれましたけどね」と苦笑まじりに振り返る。

八〇年代後半は地価が異常な伸びを見せて日本じゅうが浮き足立ち、高級クラブで接待の席を設ければ、すんなり仕事が決まった時代だった。

何千万円、何億円もの商談が夜の銀座で成立する。夕暮れともなると道に社用車がずらりと並んで黒服のポーターが鍵を預かり、チップとして万札が手渡された。

だが九〇年代に入るとバブルがはじける。

「後片づけが大変でした。まず七丁目の銀座セブンビルの四階に引っ越しました。『知美』の家賃は月百万、店の女の子は二十五人いたのだけど、たった三人の女の子で再出発。でも、東芝や神戸製鋼といった大手のお客様がついてきてくださって、ありがたかった。いまでも当時のお客様からは『おーい、生きてるかー』って連絡をいただくんです」

　並木通りのジュリアン・ソレルで仲間たちと待ち合わせ、マイクロミニを穿いてパリ仕込みのお洒落自慢をしあったティーンエイジャーの頃から、振り返れば半世紀以上にわたる沢知美の銀座騒動記も、二〇一八年に彼女が古希を迎えていよいよ最終章となる。

「お世話になったお客様もクラブ活動を卒業されていった。じゃあ、私もって店を閉めたんです。もちろん大変なこともあったけど、お客様と一緒に『岡半』でしゃぶしゃぶをいただいたり、『おざわ』でお鮨をつまんだり、毎日の銀座通いはほんとに楽しかった。そうそう、お芝居が好きなので新橋演舞場にもよく行きました」

　広尾から千葉の松戸に引っ越して、いまは一人暮らしである。

「郊外の住宅街に居を構え、さぞ悠々自適かと思いきや、「それが寂しくてねぇ。松戸はいいところなんだけど、飲みに行っても年寄りばかり。そんなこと言う私だって立派なババアなんだけどね」と江戸弁が爽やかだ。

「やっぱり天下の銀座に比べればどこも垢ぬけないのよ。だから、こうしていままでもしょっちゅうこの街に顔を出しています」

彼女にインタビューしたのはハイアット セントリック 銀座 東京のラウンジＮＡＭＩＫＩ６６７。

「孫がもうじき、（ファッションモデルとして）私がデビューした歳になるんです」

とひとりごちながら、思い出の溢れた並木通りの夕暮れを見下ろす沢の瞳に、灯りはじめた街のネオンがうっすら映っていた。

小坂敬
小松ストアー代表取締役 ①

祖父の「トウケイ」と父の銀座

久しぶりに新宿のバー風花に立ち寄った。

前回、店に顔を出したときにキープしたオールドパーがあったはず。

若い友人、小川哲の直木賞受賞祝いだった。

カウンターに座るなり「『銀座百点』、楽しく読んでいますよ」とママが微笑《ほほえ》んだ。

「銀座は気持ちのいい街ね。オフィス勤めをしていた二十代の頃は、よく足を運びました。商品を眺めるだけの私にもほんとに丁寧に応対してくれるの。優しくて品があるっていうのかな、おかげで身も心もスキッとしました。

なかでも、小松ストアーは断然センスが違った。ギンザコマツになってさらにお洒落になって、これぞ銀座って感じね」

「今度、社長の小坂敬さんにお話を伺うんですよ」と言うと、「そうなのね。よろしくお伝えください」とママが身を乗り出した。

ＯＬ時代、銀座を闊歩《かっぽ》したバーのママと、その街の大旦那。お互いに知りあいというわけではない。でも親しみを共有する、銀座はそんな街なのだ。

現在、ギンザコマツ西館にはドーバー ストリート マーケットが入っている。世界的デザイナー川久保玲のプロデュースによるセレクトショップはインバウンドの小綺麗な若者たちの人気スポットだが、七階にあるＫＯＭＡＴＳＵ ＢＡＲは知る人ぞ知る大人のラウンジ。エントランスには「銀座百点」がさりげなく置かれ、そこだけ時が止まっている感じがする。

柔らかな微笑みを浮かべる長身の紳士が、ミスター銀座こと小坂敬。出で立ちはグレー地に縦縞のサマースーツ、薄いブルーのワイシャツに蝶ネクタイは紫、白、橙のレジメンタルである。

ブラジルの歌姫エリス・レジーナに捧げられた渡辺貞夫のアルバム『ＥＬＩＳ』を控えめに流すスピーカーはＴＡＮＮＯＹ《タンノイ》のヴィンテージ。

「このＴＡＮＮＯＹですか？ 京都のお寺さんから譲り受けてね」とこともなげに言う小坂の声はナット・キング・コールばりのヴェルヴェット・ヴォイスだ。

私がタンカレーのジントニックをオーダーすると、「じゃあ、僕は例のヤツを」と小坂はバーテンダーに告げた。辛口のジンジャーエールにさらにソーダを加え、ミントを搾《しぼ》ったノンアルコールのカクテルは彼だけのオリジナルだという。

「初めて銀座を意識したのは（慶應義塾）幼稚舎一年生のとき。おたまじゃくしを教室で飼っていてね、足が出てきたのを発見したら、先生から『たいへんよくできました』と、紙に『金鵄勲章《きんしくんしょう》』のゴム印を押したものをいただきました。戦争中だったから勲章ってわけだね。

それを銀座にあった松本楼の祖父に見せに行った。すずらん通りにある黒塀の料亭に住んでいた祖父は、よしよし、頑張ったなと汁粉屋に連れて行ってくれた。松本楼の二階から三味線の音が聞こえて。それが最初の思い出かな」

小坂家と銀座のつながりを紐解くと――。

曽祖父の駒吉は信州・伊那に生まれた。上京し、上野寛永寺の御用商人になるが維新の彰義隊の乱で焼け出され、同郷の伝手《つて》を頼って尾張町二丁目（現・銀座六丁目）の飲食店を譲り受ける。一八六八年、明治元年のことだった。

四年後の大火を経て銀座煉瓦街が生まれると料理屋「松本」を開業、銀座通りの裏手の土地も手に入れ、「松本楼」へ発展させる。

その駒吉の次男が敬に汁粉を食べさせた祖父・梅吉である。

事業を拡大し、日比谷公園にも松本楼を作った彼は銀座料理人組合のまとめ役となり、東京市議会議員から貴族院議員に勅撰された。慶應義塾大学教授で、銀座の天ぷら屋「天金」の三男坊でもある池田弥三郎が、梅吉についてこんな文章を残している。

「松本楼は、六丁目の裏通りにあった、大きな、いまでいう料亭であったが、そこのご主人が、当時の知名士であった、小坂梅吉氏であった。わたしたちの小学生時代、小坂さんはわたしたちの母校の泰明小学校の保護者会の会長をしておられて、学校の式のときにはかならず来て、一席、長いむずかしい話をするのが常だった。

わたしたちには何もわからないような話で、何も覚えていないが、ただ一つ、東京をトウケイと言っていたことだけが印象に残っている。わたしたちは式場にはいって小坂さんがいると、『あっ、またトウケイのおじさんがいる』と言い合って、がっかりしたものだった」(『銀座十二章』旺文社文庫)

池田の回想に梅吉の次男、俊雄がこう返している。

「(池田さんは)父が『東京』を『トウケイ』と言っていたことに強い印象があったようで、私もこの言い方は、今でも耳に残り、この言葉を聞かされたとき子供心に、これを父に注意したことをおぼえている」(同書)

実際、明治初期には東京を「トウケイ」と呼ぶ人は多かった。坪内逍遥『当世書生気質』では「トウキョウ」だが、二葉亭四迷『浮雲』や山田美妙の『武蔵野』では「トウケイ」読みだ。

終戦前年に梅吉が亡くなり、土地は子供たちの手に渡る。そこで飲食から小売りへの転換を図ったのが長男で敬の父、小坂武雄だった。泰明小学校から麻布中・高、慶應義塾大学に進んだ彼はイギリスへ渡り、ロンドン・スクール・オブ・エコノミクスに学ぶ。英国人女性ヴァイオレットを嫁にとり、日本に数台しかないハーレーダビッドソンを乗り回すハイカラを地で行く人物だった。

「決まったことはやりたくないタイプでした」と敬は父を回想する。

「好奇心の塊っていうのかな、いつも何かしら思いを巡らせ、機転も利いた。関東大震災のときもそうでした。銀座の街は火事でやられたんですが、猛火が迫りくる中、咄嗟《とっさ》に新橋に走って船を借り、家財一式を積んで台場まで運んで被害を最小限にとどめたんです」

敗戦後、空襲で焼け野原になった銀座を眺め、これからはモノを売ろうと思い立ったが、いかんせん、小売りをやるにしても建屋を造る材木などどこにもない。

「父は埼玉に行って空き倉庫を探し出し、丸ごと買った。それをバラバラに解体してトラックで運んできて二階建てを造ったんです」

店名は〝小坂〟の〝小〟と〝松本楼〟の〝松〟から。小松ストアーの開業である。

「昭和二十一年四月二十日の正午に、小松ストアーは開店した。午前中は、五丁目の大日本ビアホールで記念式、その後四丁目三越前で柳と桜の手植え式が無事行われ、午後からは六丁目松坂屋の焼け跡に設けられた野外ステージなどで歌や踊りのアトラクションが予定されていた」(『小松ストアー　40年のあゆみ―小坂武雄の思い出―』)

開店前から列をなした人々は、時計や宝飾品を我先にと買い求めた。買えるものがあること自体、当時の人々には幸せだった。高級品以外にも佃煮、果物、海産物、ブドウ酒、バター、餅菓子、パンなど食料品もたくさん並んだ。

釣銭の調達にも武雄の機転が生かされた。神社である。

「釣銭用の小銭は、靖国神社の社務所にお願いして用意した。荷台に札束を括《くく》りつけ、銀座から九段まで自転車で両替に出かけた。小銭を入手しようと思ったら、銀行より神社の賽銭箱《さいせんばこ》をあてにすべし」(同書)

九段の坂を自転車で駆け上る小松ストアー従業員の姿を思い描くと、新時代に胸をふくらませ邁進する若い息吹が感じられる。

創業初年の暮れにはクリスマスセールを敢行。「年末」を「クリスマス」という言葉に置き換え、専用の包装紙を用意した。

「新しいアイディア」と「小味《こあじ》なサービス」で大百貨店と対峙した武雄には地の利があった。銀座ど真ん中という立地である。

華の銀座で買い求めたクリスマスプレゼントを家族にという庶民の思いを、色とりどりの小松ストアーの包装紙が包みこんだ。

小坂敬

小松ストアー代表取締役②

アメリカでの日々

「新しいことを考えるのが大好きな父でね」

小坂敬は父武雄が立案したクリスマスセールの思い出を語る。

「当たり前はダメ、どこか特別なところが欲しいというのが持論でした。クリスマス用のパッケージもそう」

包装紙を当時珍しかった三色刷りにしたことで印刷代は嵩《かさ》んだが、小松ストアーでクリスマスプレゼントを買った客が帰路につくと、電車やバスの車中でその包装紙が目についた。まだまだ紙が乏しい時代だったから包装紙はブックカバーとしても再利用された。

「お客さまがサンドイッチマン以上の広告をして下さる結果になりました。驚いたことには、その包装紙を売ってほしいというお客さまが多いのです。商店のご主人らしい方も多かったのですが、小松という名前が入っているからとおことわりしても、それでいいといっておもちになる。（略）おかげで、以来クリスマスは小松ストアーだという印象を強くつけたわけです」（小坂武雄『新しい商人』有紀書房）

戦後消費社会の新しい波に小松ストアーは乗った。

翌年、はるばる秩父から運んできた本物の樅の木が通りに立つ。十二メートルの大木に華やかなデコレーションが施されたツリーに色とりどりの電飾が灯り、いかにも銀座らしい年末の風物詩になった。

『ベティさんの庭』で芥川賞を受賞した山本道子がエッセイに書いている。

「当時は銀座通りをそぞろ歩いている大人のカップルは、どれもこれも人それぞれにフォーマルなおしゃれをしていて、少女の私は小松ストア前のバス停でバスを待つ間、それらの男女をじろじろ眺めるのが大好きだった（略）私は、いつも詩の好きな少女らしいおしゃれをして、一番上等の靴をはき、タータンチェックの毛のストールを衿に巻いて、毛糸の帽子などを被り、毛糸の手袋などして、小松ストアの包装紙の包みをかかえもってバスを待ったものだ」（『銀座点描』池田弥三郎編 日本書籍）

カインドネス（親切）、クイックネス（迅速）、クリーンネス（清潔）、ソートフルネス（思いやり）。

武雄の信条は四つの「ネス」と言われたが、彼はそれらを「小味なサービス」と呼んだ。ロンドン留学で培われたセンスの賜物と言える。

妻は留学中に出会ったイギリス女性ヴァイオレット。戦前、愛犬とともにロンドンから東京にやってきた彼女はそのまま帰化し、夫の良きパートナーになった。

来日当初の仮住まいは、純日本家屋でトイレは和式の汲み取り式。言葉も文化も風習も異なり、ヴァイオレットにはカルチャーショックもあっただろうが、それは一切口にせず、好きな読書を楽しんでいたという。

小坂敬の生家は麴町の番町にあった。

「三番町の家で私は生まれました。外務大臣の重光葵さんが隣に住んでいらした」

イギリス大使館も近くにあった。慶應義塾幼稚舎に入ると三宅坂を通って青山一丁目へ、青山墓地を眺めながら都電で天現寺の学舎まで通った。

「戦争が激しくなると軽井沢に疎開し、終戦の日もそこで迎えました。三番町の実家は戦災で全焼していて、駿河台にあった洋館を購入して移ったんだけど、丘から見る景色は一面焼け野原だった。西に九段の靖国神社の鳥居と軍人会館（現在の九段会館テラス）、遠くに富士山が見渡せました」

しばらくして小坂一家は麻布市兵衛町（港区六本木一丁目）に引っ越す。再開発で周辺はホテルオークラに売却されたが、オークラの株主になった父はホテル住まいを好み、別館に造られた専用のアパートに住んだ。

敬が渡米したのは敗戦国日本が独立を回復したサンフランシスコ平和条約発効の

年、一九五二（昭和二十七）年である。

結核を患い、学校を休みがちだった息子を気候のいいところで住まわせたいという母ヴァイオレットの思いだった。チケットを買った客船はアメリカ大統領の名を冠したプレジデント・クリーブランド号。太平洋ラインに戦後いち早く就航し、アメリカへの憧れの象徴とも言われた。

「母とアメリカの大学に留学する姉と、横浜から二週間の船旅でした。途中ハワイに寄港したけど、ワイキキビーチではロイヤルハワイアンが目立つだけで、あとはずらっと椰子の木が並んでいてね」

サンフランシスコに上陸すればラジオからエルビス・プレスリー。

「時代はフィフティーズでしたから。ロックンロールが生まれたばかりだ。クロームメッキパーツが輝く大きなアメ車のリアはフィッシュテール。シスコは綺麗な街だった。強いアメリカというのかな、余裕があって自信に溢れ、大らかでした。日本人は敵だなんて、そんなこと言われなかった」

母が息子のために探したのはアリゾナ州の私立寄宿学校ジャドソン・スクール。サボテンばかりの砂漠にある学校で、十五歳の誕生日を迎える。

不思議とホームシックにはならなかった。寮生活を満喫し、テニス部や弁論部で活躍、馬にも乗った。寄宿学校では百五十頭もの馬が飼われていた。乗馬は吉田茂が会長を務め、皇族や元華族が会員の皇居内パレス乗馬倶楽部で手ほどきを受けていた。

「それにしてもステーキの旨いこととといったら！　若くて食い意地が張っていたこともあったけど、とにかく戦争中はヒモジイ思いしかしなかったからね」

健康を取り戻し、東部ニューヨーク州のコルゲート大学へ。

「リベラルアーツのカレッジです。人間を育てることを第一に考える学校でした。ゴルフ、テニス、スイミングの三教科を取得しないと進級できない。社会人になってもこの三つさえ身につけていれば、社交でもビジネスでも活躍できるからというんだな」

クルマのライセンスを取得し、北部・中部・南部と三回にわたってアメリカを横断、アメリカの広さと多様性を知る。

物理を学ぼうと大学院は奨学金でミシガン州立大学へ。もう親のすねはかじらない。

修士課程修了後、就職したのがオクラホマ州バートルズヴィルに本社を置く大手石油会社フィリップスだった。副社長夫人が当たり前のように病院でボランティア活動をしている。金のある者は見返りを求めず社会的活動をしていた。「ノブレス・オブリージュ」の価値観を知った。

フィリップスでの研究員生活を二年。そろそろ日本に戻ろうと思った。離日して十二年が経っていた。

小坂敬　小松ストアー代表取締役③

フェヤーモントホテルの柱時計

品が良く、小ぶりなホテルが皇居お堀端にあった。

「千鳥ヶ淵の桜が咲きはじめました」

東京っ子たちはフェヤーモントホテルの新聞広告で桜の開花を知った。

ユーミンに『経る時』という曲がある。四季折々の出会いと別れを綴る短編映画のような味わいの作品だ。二十代だったユーミンはクラシカルなこのホテルに通い、いくぶん老成した心持ちになって、この曲を書いた。

九段の暁星学園に通っていた私も父と何度か訪れた。

アンティークの調度品が置かれたロビー。ソファは緑色。レターヘッドには桜の柄が施されていた。

『経る時』の「時」とは人生の一節を指す。この曲が収録されたアルバムのタイトルは『REINCARNATION』。「輪廻」という意味だが、ホテルの時を刻んだ柱時計は、現在、銀座すずらん通りのKOMATSU BARで転生している。

小坂敬が二十三年間働いた石油会社の仕事に区切りをつけようとしたときに、父の武雄が言った。

「家業をやらないか」

武雄が家の事業の一つであるフェヤーモントホテルを開業したのは一九五一年。元々はGHQの外国人用のホテルだった。

父の提案を「わかった。手伝うよ」と二つ返事で承諾した敬は、フェヤーモントホテルでサービス業のイロハを学んでいった。

「場所柄もあり、音楽関係や作家、美術館系の方など、芸術系のお客様がたくさんおられました。ですので、部屋によっては、物書きの先生用に勉強机のようなものも置いていました。（略）明治四十年生まれの方たちの『明治四十年の会』もフェヤーモントホテルが開催場所でした。歌手の淡谷のり子さんや作曲家の服部良一さん、元首相の三木武夫さんなどがお集まりになり……」と敬は著書『銀座に生きて』（財界研究所）に書いている。

敬が本家小松ストアー社長に就任したのは、フェヤーモントホテル社長就任とほぼ同時の一九八五年のこと。翌年リニューアルの方針を打ち出し、八七年に店名を「ギンザ・コマツ」に変えることになるが、それには訳があった。

「一年中セールをするような売り方をしていたんです。これはまずいと思った。売り上げは上がるけど収益は落ちる。そもそも問屋の在庫を吐き出すことがセール。これでは勝てない」

しかし敬には小売りのノウハウがなかった。そのときに出会ったのが、新店舗をオープンさせたばかりの某百貨店企画部長と商品開発部長だった。

「小売りとは何か」「何をどう変えていくか」。二人は仕事が終わるとフェヤーモントホテルにやってきて、丁寧に手ほどきをしてくれた。

「それも夜十時から。サンドイッチをつまみ、ビールを飲みながらです。教科書は百貨店の新店舗の企画書でした。報酬？　そんなの要らないって彼らは言うんだ。ギンザ・コマツなら尖《とが》ったことができる、面白いじゃねえかって。銀座っていうのはその道のプロにとっては面白い街なんだね。それにしても、彼らには感謝しかありません」

まず店舗の改装に着手した。発注は竹中工務店に。

「長く店を閉めるわけにはいかない。一ヵ月でやってくれと。こちらも素人だからそんなことが言えたんだな」と小坂は当時を振り返って顔をほころばせる。敬の心意気に森英恵が協力を快諾、入店したモリハナエのメインブランドとハナミズキが名刺代わりになり、世界的ハイブランドが展開されるセレクトショップが誕生した。

　そして二〇一二年に「ドーバーストリートマーケット」が西館に誕生し、耳目を集めた。プロデュースを買って出たのは慶應義塾の後輩、川久保玲だった。

「イエス！　全部やりますって。彼女のエネルギーはすごかったな。外壁の色も選んでくれた。グレーです。普通のデパートではできなかったことです」

　コムデギャルソンに加え、「ＢＥＡＵＴＩＦＵＬ　ＣＨＡＯＳ（美しき混沌）」をコンセプトにさまざまなブランドがセレクトされ、各階にアート作品が展示された。そして東館はユニクロ。「一棟、まるごと使いたい」と柳井正が手を挙げた。

　先鋭的な西館と一般消費者向けの東館。インバウンド需要も相まって両館は名実ともに銀座のランドマークになった。


　小坂家は四世代前から銀座を見続けてきた。

　この街で商いをしてきた家として銀座を語るとすれば、「間違いのない街」なのだそうだ。

ネットショッピング全盛の時代、銀座でなければ買えないものは多くはない。それでも客が銀座に来るのは、「銀座なら安心して楽しめるから」だという。

印象的だったのは「銀座には独自の自己浄化機能がある」という言葉だ。

「晴海通りにエルメスビルが建ち、銀座中央通りにブランド店が並び始めたとき、これでは『別列車』が走ってしまうと思ってね。街の仲間に入れようと『国際ブランド委員会』を立ち上げました。外国のブランドをグループにまとめ、銀座通連合会の一員としたんです。これは世界でも銀座だけ。ニューヨークやパリ、ロンドンにもありません」

銀座は歌舞伎座や観世能楽堂を擁し、古典芸能の街という一面も持つ。年に一度、新橋演舞場で敬をはじめ銀座旦那衆が芸事を披露する「くらま会」が開催されている。小唄、浄瑠璃、清元、常盤津、義太夫、日本舞踏を稽古した成果を披露するのだ。

一九一九年に発足し、三味線、太鼓、笛などの地方《じかた》は人間国宝を含め一流が揃う。

「できもしない芸を〝天狗〟になってやる会だから、鞍馬天狗からとって『くらま会』というわけです。資生堂の福原（義春）さんから会長を引き継いで、十年ほど務めました」

まさに銀座オールドボーイズの発表会。二〇二三年開催のパンフレットの表紙には、日本画家の森田りえ子の「秋華」が描かれ、来場記念として木村屋の「あんぱん」が用意された。新橋の芸者衆や銀座のクラブのママたちも集まって実に華やかだった。

フェアーモントホテルで時を刻んだ柱時計を背に、自らの半生を語ってきた小坂敬がおもむろに手帳を閉じた。

細長い表紙には布が貼られ、そこに「無」という文字が書かれていた。「『有』と書くと、しがみつく感じがして嫌でね」

最後に父武雄と銀座について尋ねると、「軽井沢で過ごした夏休みが終わると、銀座に戻ってエスポワールやラ・モールに連れていってくれたなあ。父はそこでお決まりだったウィスキーの水割りを旨そうに飲んでね」と呟いた。

「小松ストアーを建て直し、成功したのを見せられなかったのが心残りです。父は新しいものが好きだったから、喜んでくれたと思います」

あとがき

本書のもとになった連載が掲載された『銀座百点』は、海外にも読者が多い。古くからの友人もその一人。大手生命保険会社駐在としてニュージャージー、アトランタ、アーバインの北米各都市、さらにハノイやバンコックなどにも赴任した夫婦はこの雑誌を取り寄せ、「銀座」を味わうのだそうだ。

「さりげなさ、とでもいうのか、『品の良い普通』が銀座にはある。そんな街は意外と少ないんじゃないか。日本を離れて外国にいると、かつて味わったその上質さがたまらなく懐かしくなる」

そんな声を聞いて、読者がこの街で味わった自分の在りし日を投影してもらえるような表現を心がけた。

銀座を愛するハイソサエティの方々の声に私は耳を澄ませた。そしてひとまず時間を置き、熟成された記憶を頼りに、それぞれの言葉遣い、手元の所作や表情を思い出して机に向かった。半生を語る彼らの語り口は、この街の歴史を1ページずつめくるように優雅だった。

「かつて銀座には幾筋もの川が流れていた……」というエピソードが多かった。

東京は水の都のかすみかな

俳人・久保田万太郎の句である。なるほど銀座あたりを歩いてみると交差点の名前に「橋」がついていることに気づく。

銀座通りの両端が新橋と京橋。新橋のかかる汐留川では水上バスが行き交い、京橋川沿いの大根河岸はやっちゃばが賑やかだった。外堀川にかかる数寄屋橋を舞台にしたラジオドラマ『君の名は』は、佐田啓二と岸惠子出演で映画化された。

銀座四丁目を過ぎ、築地本願寺を左に眺めながら晴海通りを東に進むと勝鬨橋《かちどき》が隅田川にかかる。勝鬨橋を渡ればほどなく海。銀座の運河はやがて東京湾に流れ込む。

幼少期に見た景色を覚えている。ルノーの小型車を運転する父が言った。

「前を見なさい。さあ、開くぞ」

運転席の三角窓に初夏の風。父の咥《くわ》えた両切り煙草「しんせい」の煙が後ろにたなびいた。目の前で橋が上がる。ルノーがＳＦアニメに登場する流星号のように空を舞うのかとドキドキした。

銀座はヴェネツィアさながら水の都だったが、運河は戦後経済復興で蓋《ふた》をされ、埋め立てられて姿を消した。だが、そのぶん私の想像力は増した。人生の来し方をふり返る方々の話に耳を傾け、今はなきネオンの映る水面を思い起こすのは、この上なく甘美なひとときだった。

母校・暁星学園の先輩でもある松本白鸚さんにご推薦をいただき、銀座を舞台に活躍されてきた日本を代表するアートディレクター細谷巖さんが美しい装丁を仕上げてくださったのは望外の幸せでした。また『銀座百点』田辺夕子、『週刊現代』の伊東陽平両編集長に心より感謝いたします。

本書は、『銀座百点』２０２０年６月号～２０２３年12月号に掲載された「都市の伝説　銀座巡礼」に加筆修正したものです。

銀座《ぎんざ》巡礼《じゅんれい》
夜《よる》のうたかた交友録《こうゆうろく》

2024年5月24日　第1刷発行

著者　延江《のぶえ》 浩《ひろし》
発行者　森田浩章
発行所　株式会社 講談社
〒112-8001
東京都文京区音羽2-12-21
電話　編集 ☎03-5395-3438
販売 ☎03-5395-4415
業務 ☎03-5395-3615
印刷所　大日本印刷株式会社
製本所　株式会社国宝社

KODANSHA

ISBN978-4-06-535673-9